老人

生活福祉與
社區休閒教育

Elderly Welfare and Community Leisure Education

桃園縣社區教育協進會　系列叢書

陳　序

　　社區老人的生活福祉已成爲高齡化國家政策發展的新取向，面對急速高齡化的台灣社會，對社區老人的關心必須仍以社區爲基礎，服務爲本，教育爲根，才能全面性關懷社區老人。尤其老人的生活福祉已成爲世界各先進國家關注的焦點，也是社區老人教育追求的目標，因此關懷社區老人的行動已在全球各地展開。

　　本書是以老人生活福祉結合科技和社區教育之觀點做爲主軸，亦即從老人生活科技輔具之需求、居住，延伸到老人的休閒和社區照顧服務。由於目前國內對於老人生活科技福祉之需求和社區老人休閒教育需求之連結仍爲少數，但卻相當重要的發展趨勢，因此本書乃將兩者融合而成。本書是時代性的知識需求，也是照顧科技之發展趨勢，本書以理論爲經，實務爲緯，對長壽社會之老人生活科技輔具之需求、研發運用和社區休閒教育之分析，具有深度性的探討，對於高齡者、學生、實務工作者和照顧產業而言，是一本認識當代老人生活福祉與結合科技輔具之研發運用之重要書籍，極具高度的參考價值。

　　本書分爲七章。第一章爲常青樹也會慢慢凋謝由中央大學教授賴澤涵撰寫，將現今老人問題及心態用實例說明，以省思老人生活需求之重要性。第二章爲國內外遠距居家照護發展之現況與挑戰，以實例歸納出遠距居家照護系統的典型架構，探討遠距居家照護系統面臨的困難與挑戰。第三章爲高齡者智慧型機器人輪椅使用需求之探討，主要分析高齡需求者使用機器人輪椅之定義與功能，探討當前輪椅使用時之障礙及經常發生之意外問題，並歸納出使用

者對輪椅需求功能之期待，提供高齡者智慧型輪椅研發之具體指標。第四章為老人居住環境設計之研究，針對老人居住生活之需求與安全考慮，進行老人居住環境之內外在環境之介紹與分析。第五章為老人休閒活動與自我認同之探討，分析退休老人參與休閒活動與自我認同關係，提出適合老人參與之休閒活動，並建構退休老人之休閒活動模式。第六章為高齡者田園耕種休閒生活之研究，針對田園耕種這類休閒行為，分析其對高齡者生活之影響，進而提出提昇高齡者生活品質策略與方法。第七章為社區關懷據點形成過程評析：以桃園縣蘆竹鄉二社區為例之探討，瞭解社區照顧關懷據點推動的實際情況，並探討是否滿足社區老人的需求，分析能夠成功的因素與永續經營的做法。

本書得以順利出版要感謝桃園縣社會教育協進會榮譽理事長唐春榮和他的服務團隊。他們長期以來對社區老人的關懷和老人教育的推動，不遺餘力，尤其鑒於他們所帶領的老人大學服務工作已歷經十多年，希望能透過專業書籍的出版而傳承，得以更廣泛的傳播社區老人的關懷行動，因此委由我來進行主編工作。在此感謝元智大學老人福祉科技研究中心主任徐業良教授的支持，以及本書的每一位作者，將其辛苦的研究成果與大家分享，更感謝該協會的宋法南、陳克蘭，以及我的研究助理林紫綾、潘姿淇、陳虹瑾等人的協助，以及提供精采照片的社福單位，本書才能順利出爐。因本人才疏學淺，書中內容難免仍有疏漏或不足之處，衷心期盼師先進們能不吝指教，並惠予賜正。

陳燕禎　謹識

於元智大學2009年11月

唐　序

　　由於教育的普及，醫療科技的進步，人類生活品質大幅提高，各種疾病能有效的控制，人類的壽命不斷增長，少子化及高齡化浪潮，正襲捲全球。台灣地區於1993年底，65歲以上的老年人口已達總人口數的7.10%，正式邁入高齡化社會的標準。老人的相關議題已經由健康及長期照護措施，延伸到健康維護的知識及生命意義的重建等，透過老人教育措施，可以充實老人精神生活，促進身心健康，協助高齡者健康成功老化，提高其晚年的生活品質。

　　本會自1996年起開始辦理社區教育推廣工作，從社會大學文化講座到社區教育推動，為了關注高齡者學習議題，於1998年特別開辦南區老人大學，至今逾10年的時間，在面對快速變遷的社會，組織必須不斷調整改善經營策略，才能因應社會脈動。為了提昇辦學績效，深化辦學品質。本會每年固定舉辦系列研討活動，除了客家文化議題外，高齡學習更是本會長期關注的焦點，希望藉由學術單位及學者專家的協助，透過學術研討會舉辦，吸收新知，深化課程，創造辦學特色。

　　整體學術研討會由元智大學社政系陳燕禎教授指導辦理，為了讓更多未參與者也能分享這一份喜悅，特別將相關論文整理出書，期盼藉由拋磚引玉的方式，鼓勵更多人關懷、參與社區教育及老人生活福祉等議題，形塑社會對老人議題的關注。本書得以出版，感謝中央大學賴澤涵教授和元智大學老人福祉中心徐業良主任的支持，社政系陳燕禎教授的擔任總策畫及主編，更感謝書中所有作者及工作人員，因為有您們參與，本書才能出版。社區大學辦理

專業學術論文發表，並整理出書，在國內仍屬少數，希望這樣的能量可以逐年累積深化，帶動整體師生的研究風氣。

唐春榮 謹誌

桃園縣社會教育協進會榮譽理事長

新楊平暨平鎮市民大學主任

目　錄

第一章
長青樹也會慢慢凋謝
——老人的自處與老人市場商機

賴澤涵教授

哈薩克共和國國家院士

美國伊利諾大學（香檳校區）博士

國立中央大學前文學院院長・榮譽教授

前玄奘大學講座教授

國立中央大學客家學院創院人

國立交通大學客家文化學院諮詢委員

中央研究院台灣史研究所學術諮詢委員

　　各位朋友！大家早！我很榮幸的來與諸位見面，談談「老年人的一些問題」，我可能集中在最後面的我對老人如何自處的問題，以及社會如何看待老人問題上和大家分享。

　　我認為在座很多人比我有資格來談這個問題，尤其我們的陳燕禎教授，她雖然年紀比我輕很多，在實質上，她從事過此方面的實務工作多年，並且講授這方面的課程，她擔任過省立彰化仁愛之家的社工人員，省立彰化老人養護中心社工組組長，省立花蓮仁愛之家主任，省社會處從科員、股長、專員到主任秘書，可說經歷相當豐富，更難能可貴的，她在2007年出版一本《老人福利：理論與實務，本土的觀點》[1]，我最近仔細的讀，可說獲益相當的多，這應該是台灣目前討論老人福利最好的一本教科書，這本書用詞簡潔，能夠把學理交代清楚，讓讀者讀來不覺乾燥，加上陳教授觀察歐美大陸等國家的老人福利設備措施，更可讓我們了解自己年紀大時，如何安排自己的老年生活。

　　大自然有四季的變化，如一棵樹木由幼苗成長，茁壯分枝，秋天落葉，有的數年，頂多數十年，百年以上的神木並不會太多，即使神木最後乾枯而化為灰燼，人何其不然，故諺有「人生不滿百，常懷千歲憂」的說法，因此，我們人生也就如四季的替換，大自然無聲無息的生生死死一樣，大部分人的壽命不過三萬六千多個日子，百年歲月而已！所以古聖先賢常勸我們，年少常要自勉，努力把握時間，否則老大徒傷悲，人如大自然的四時更迭，生生死死，人類得以延續，因此每個人生在這世上時應扮演好自己的角色，不要構成家人或當今社會的負擔，到離開世間時，就像人間清除枯木，一把火就可以處理一樣，走的乾乾淨淨，留下的是人們對你這一生無限的懷念追思！

---

[1]台北：雙葉書廊有限公司出版，2007年。

　　「老化」據陳燕禎教授的定義是「生物個體在生命後期導致最後死亡的變化，其特徵包括生命機體功效的衰退以及某些疾病易感性的增加。」[2]這是從外表形體可以看得出來的，但是陳教授教我們到老年應「積極發展『內心生命圈』，因為內心生命圈和外在年齡所代表的生命圈，可以完全不一樣。」[3]可見陳教授的研究是有相當心得的，高齡化的指標一般是根據聯合國的定義，年紀滿六十五歲佔該國人口的7％以上即為高齡化社會，「過去說人生七十古來稀，現在說人生七十才開始。」佛家說：「七十不留宿，八十不留飯」。台灣進入高齡化社會應是在1993年底，當時六十五歲以上的人口為1,490,801，佔估台灣全部人口的7.1％到2007年更估10.09％。而台灣人民一般平均的壽命在1995年時為74.53歲，到2005年時平均為77.42歲。至於男女的平均壽命，男人在1995年為71.85歲到2005年為74.5歲，女生在1995年的平均壽命為77.74歲到2005年已達到80.80歲[4]，大概台灣每天增加190多個老人，到2018年時台灣的老年人口將達14％，到2026年更達全台人口的五分之一[5]。顯然台灣在工業化及都市化的影響下，家庭明顯已由折衷家庭走向核心家庭為主，而經由醫療衛生的改進，平均壽命的延長，由於教育水準的提高，婦女地位的提升，個人及自由主義的思潮，少子化也成為社會的趨勢，因此未來社會會與歐美先進國家的家庭可能一樣，走向一個孤立甚至封閉式的家庭，子女平常工作忙碌，下班後回家休息，不願有人打擾，日久因忙碌而與親戚朋友疏遠不來往的現象，加上現代化社會的流動性大，幾年不聯絡不來往，往往形成

---

[2]陳燕禎，頁64。

[3]同註2。

[4]吳明烈、陳文萍、楊國得〈我國高齡教育的實施與發展〉，《台灣教育》第六百四十九期（2008年，二月）頁2，原文2-10。

[5]同上，頁2。

自得其樂的現象，這對高齡化社會形成一個不利的環節，目前台灣的社會現象，其實漸漸與歐美的現象有多少的類似，也可以看出在工業化下所產生的高度都市化和社會流動，其社會和家庭的發展趨勢是大同而小異。

人生的階段隨每個人的界定不一樣，有的人分少年、青年、壯年、和老人等四個時期，其中少年時期大部分的人，獨立思考較弱，聽命於長輩安排者較多，但是一般而言，花了十多年的時間在讀書準備人生的未來，當這時期有人受師長啟發而走向一帆風順的人生，有的可能比較沒有那麼幸運，受到外界不同的誘惑而走向人生不幸的命運，變成家庭和社會的負擔，這些人後來在國家、社會、教育和司法的改造下，可能會有少部分的人慢慢走向正道，但是也有不少人就是一生出出入入同一場所──監獄，枉費父母師長的一片心血，只能嘆息搖頭而已！

一、回首當年義氣煥發時

不論大學畢業或是唸完博、碩士學位後，進入公私立機關工作，這是人生衝刺的開始。以目前就業情形來看，大部份的人喜歡在公家機關服務，當然公私立機關服務各有優缺點，公家機關工作：上下班時間按規定，假日規劃較方便，不像私人機構待遇可能高些，但投入的時間及公司的要求也多，故流行的說法是公家機關是五個人的工作，私人機構只要一個人便足夠，因此在私人機構服務相當忙碌，全心投入應該是不二法門。

但公家機關在高度工業化、科技化、科學化下，講究效率、提升品質，也不見得比私人機關輕鬆，因此在選擇職業上，就要慎重考慮自己的個性、興趣與未來的志業等因素，然後一樣要全心投入，這樣不論在公私立機關服務是考驗自己的能力，隨著制度在工

作上的升遷，也是別人對自己能力的肯定，所以從進入就業市場的2、30歲，到可以退休的年齡，平均估計大概最多有40年左右的時間，這也是人生最精華的時段，也就是人生衝刺考驗自己能力的時光。這階段包括人生最重要的階段，如建立家庭、扶養子女、社會角色的重要階段，在這樣養成「我為人人，人人才尊重我」的觀念，「我是別人的部屬，也是別人的上司」，這應該是一個人一生是否留下痕跡的階段，作出貢獻可能改變別人、甚至社會，甚至名垂千古。

二、杜鵑啼血回歸日

儘管你無條件的付出，也做了最大的貢獻，但歲月總是催人老，法令總是在眼前告訴你已經到了退休年齡，該好好的準備移交，以便讓新的血輪進入職場，否則機關充斥老邁、效率不如人的情況，人到這時一定會感到「時不我予」，匆匆已數十寒暑，自己也突然感覺已經累了，江郎也才盡了，此時心情萬般複雜，想若能繼續工作至死方休多好！

矛盾，心理徬徨，想到以後不上班，不知如何度日，但是法令限制你，已經到了期限，該好好收拾你的辦公桌或辦公室，回去好好休息吧！這時才意會真是杜鵑啼血回歸日！

三、望著夕陽感慨多

退休後的第一天大概感慨較大、較多，不用上班了，過去養成「朝八晚五」的習慣，似乎很不習慣，不知如何是好，有的早就規劃了退休後的生活，自然衝擊較少，沒有規劃的每天不知如何消磨漫長的時間，整天漫無目標，每天望著夕陽發出感慨，常常回憶

或自誇過去的豐功偉業，這應是老年人的毛病，生活沒有目標自然會影響身心的健康，下者可能沉迷於賭色聲馬之好，最後毀家財盡，身心衰弱病痛多，子女不認，或不在身邊，最後還得依靠社會的支援，這種人生的最後下場是可悲的，因此退休前應該有時間利用的規劃，存款應付退休的準備，以維持身心的健康，才不致事事依靠他人，才能過日子。

拜科技及醫學的發達，台灣人口的平均壽命，正如前述已達77.49歲，男生77.45歲，女生80.80歲，這雖比日本人的平均壽命，男生79.19歲，女生85.99歲稍低[6]，但也蠻接近，如此看來，以正常65歲為退休年齡來算，退休後到離開這個世界，男的至少來有13-14年以上的時間，女的可能超過20年，如果不好好的規劃時間利用，可能就會有度日如年的感慨，因而無病呻吟，靠藥度日，（如有年長者每次到醫院不拿藥就不想回家），終至頹廢，退休變成飽食終日無所事事，只有等待死神的來臨的情況了。

四、被人喊著老人又如何！

在上班的日子，由於未到退休年齡，乘車時總感覺未到退休就不算老，因此常有機會讓座或稱一些白髮人為老先生、老人家，似乎很順口，也總以為如此稱呼相當的自然，但是臨到自己退休了，被人稱為老人、老先生，讓人讓座，真是不習慣，有人心裡實在不高興，但是就是說不出來，的確從外表、裝扮、行動等，除少數的例外，多少可以清楚的看出已有相當的年紀，人生半百以上最後也不能不認命，今後被叫那位老人、老先生，心裡要逐漸釋懷，否則不能走出家門或乘坐車馬了。

---

[6]2007年，大前研一《再起動，職場絕對生存手冊》；陳光棻、王俞惠澤，台北：天下遠見出版股份有限公司，2009年。頁300。

五、老年人安養的一些觀念

　　人生就是一場戲，有人早登台也早謝幕，有人晚登台，也未必晚謝幕，因此有生有死，體會自然現象，應有自我教育，自得其樂的心胸，健康靠自己，趁手腳靈活，耳聰目明時儘早去實現自己的夢想。

　　當然一個理想人生要劃下完美句點，可能不是自己能夠掌握的，佛家說：「人生無常」，因此我們也不能只要政府或社會對老年人做些鼓勵的事，以下提供諸位參考：

　　首先我們都不能否認最近幾年政府對老年人口已經相當重視，也提供不少服務，社會不同機構也提供一些資訊或服務部門，都是希望老年人，晚年身心健康，不會增加社會負擔，尤其對經濟狀況較差的也提供養老院、到家服務等等，但對老年人比較有效的幫助，應該是家庭，因此強化家庭的功能，應是服務老年人最好的地方，所以政府在推動居家養老時，就要考慮如何鼓勵子女願意扶養自己年邁的父母，因此在租稅、購買三代房屋時，就應設想較具體可行的方案，而不是空談提倡孝道。至於年輕人，我們建議應修一些老年學、生活學的課，這對自己及家人還是有用的。

　　家庭的重要在此不必細數，但作為孩子的父母，是否自己要檢討如何贏得兒子、媳婦、孫子的尊重與愛護？讓他們平常感受父母的愛心，而主動樂意扶養自己的父母？過去父母是講尊嚴的，因此父母與子女是有距離的，現在的父母就要改變心態，把子女當做朋友，否則子女也不願意老是在服務老一輩的長者。

　　其次，認識自己的身心狀況，有的老人有慢性病者不少，但是老年人自己還是要做到自己好好的保養自己，同時與晚輩住在一

起，爲了溝通不佔子女太多的時間，應有計畫的進修和找自己的嗜好所在，在不麻煩或不佔子女的太多的自由時間，才不致讓子女媳婦感到不耐，因此如何溝通及與家人的相處，就值得老年人的深思。再者，在社會和政府方面，不應認爲退休是全部交棒，事實上老年人的經驗很多是年輕人無法一時累積的，有的退休人士還是可尋找第二春的，如果我們全不雇用老年人，將來可能會發生勞動人口不足的現象，這在先進國家如日本就可能發生。將來，尤其是2050年後，勞動人口不足很多的現象[7]，甚至會發生對國家生產毛額減少3%-5%的情況。[8]

事實上先進國家都在考慮，如何促使老年人再就業的問題，[9]尤其是台灣被認爲是地狹人稠，對外籍勞工，移民管制較嚴，如不早些規劃老年就業，台灣未來的勞動力可能會有明顯的不足現象，自然也會影響台灣的生產力。

在中國傳統歷史上，一般人民平均壽命並不高，但是政府的公務人員一般而言是到70歲（當時叫自願）退休的，但也不是強制，只要「身體好、表現佳，都可以繼續下去」，或是安排較閒的工作繼續任用，而且有的年老，還可以將自己子孫服務的單位調回家鄉的單位，並可侍奉父母，而國家凡有重要慶典也會請他們參加，有的已退休回家養老，但有必要時政府還是會徵召他們回來服務[10]，

---

[7] 大前研一《再起動，職場絕對生存手冊》，頁301。

[8] 同註7，頁301。

[9] 同註8，頁303。

[10] 完顏紹元，《到衙門上班去：古代公務員職場生活全記錄》，台北：遠流出版股份有限公司，2005年，頁342-360。

＊本演講完後，最近報紙，如《中國時報》（2009年7月5日）的頭版，即報導〈銀領時代：65歲退而不休成趨勢〉，可見臺灣亦不能不面對是否到65歲有必要退休的問題。

可見古代中國對退休公務員還很周到，退休年齡雖有規定，但亦有例外的情況。

　　當然台灣的強制性退休，很少再被聘回服務者，台灣政府機關職位本來就不多，大家都以表面的公平來處理，一體看待，除非高官，政府都會安排去公私營機構或財團法人繼續擔任職務，那是酬庸，不一定是人才的利用，那是講關係。

　　現代科技發達，雖然有人年已7、80，但是頭腦思路都很清楚，因此像美國那種沒有強迫退休制式可以效法的，只要身心健康，頭腦清晰不退休，即可以繼續為國服務到自感身心疲憊，自然就會主動申請退休。

　　當然受高度工業化的社會，中下層公務員退休金明顯難以維持相當生活水平，如遇意外的疾病手術，可能花費不貲，因此「長照制度」的實施是有其必要性，但這不是一朝一夕就可實行的，它必須相當仔細的規劃，否則匆促上路，後果不堪設想。

　　最後，我們要清楚的認知，老人應不再是社會負擔，如果我們好好思考，老人引起的市場商機可能無限，這裡根據大前研一（日本未來學專家）的近著《再起動》可以規劃重要的幾項：

1. 協助老人重新就業的人力仲介所進行的訓練，以及退休後繼續工作的老年人設計的保險業，這可以創立很多就業機會的商機。
2. 因應孤單老人所發明的會回話機器人、玩具或遊戲，換言之，鼓勵科學的研發機器人或機上遊戲，這一商機無限，也是科技很高的表現。
3. 規劃銀髮族在一陽光普照的地方，並結合郊遊、烤肉、網球、購物、表演等以及良好醫療設施，讓他成為兒孫或一般人參訪之地，當然這一規劃應在陽光普照、氣候適合老人居

住的地方，台灣中南部應有這一條件。

4.「死亡產業」及「替代祭拜」這種產業因是老年人口越來越多，故商機應該很大，如最近日片「送行者」引起世界注意，禮儀師成爲熱門職業。

5.寵物的市場持續擴大，老年人不論在家或移到「太陽城」，子女因工作不便陪伴或喪偶，因此養寵物來作伴者越來越多。[11]

6.老年人的口述歷史工作，退休人員各行各業，他們退休前在各部門工作，工作幾十年經驗豐富，如將他們的經驗記錄下來，再分別加以整理可做爲參考之處想必很多，這對學習文史出路相當有幫助。

　　總之，我們社會不要以爲老年人帶來的全是社會負擔，是否應該利用機會來思考如何傳承他們的經驗，並且利用他們來開拓市場商機與工作機會，他們的潛力往往會超出我們的想像。

　　至於年長者目前政府與民間提出的諮詢可說是相當多，如果加以利用應不致變成社會負擔，當然自己應該保有老身、老伴、老本、老友、老居的五老，加上自己的興趣與宗教信仰，維持自己身心健康，生活充實，麻煩他人者少，並預立遺囑處理後事，體驗大自然之理，回歸自然，每天扎扎實實過日子，人生這一場戲，就好好把他演完，幕下走人，瀟灑走完這一生，謝謝諸位。

---

[11]大前研一，頁300-320。

第二章
國內外遠距居家照護發展之現況與挑戰

余家杰博士　專案經理
徐業良博士　元智大學老人福祉科技研究中心主任

第一節　高齡化社會現象與健保制度的改變

　　隨著生活水準不斷的提升，醫療衛生長足的進步，人類壽命逐漸延長。根據內政部的人口統計資料，我國在1993年65歲以上人口即已超過7%，正式邁入「高齡化社會」，2008年65歲以上人口比例為10.4%，總人數約為兩百四十萬人，以近幾年趨勢來看，我國高齡人口的比例和總數，都在持續快速增加當中。行政院經建會推估2018年我國65歲以上老年人口比例將達14.36%，進入「高齡社會」，到了2026年，台灣更將走入「超高齡社會」，老年人口比例達20.63%。值得注意的是，台灣由「高齡化社會」進入「高齡社會」歷時約25年，與日本相當，但與法國歷時長達115年、美國72年、英國47年相較，時程快了一倍以上。

　　在人口老化以及平均壽命增加的情況之下，慢性病的盛行也是台灣社會目前面臨的問題。台灣自民國四十年代以來十大死因由早期的傳染病轉變為慢性退化性疾病，包括腦血管疾病、心臟疾病、糖尿病、肺炎、腎炎、腎徵候群及腎性病變、高血壓性疾病等6類死因與慢性疾病有關，死亡者平均年齡亦較高，且罹病年齡有逐漸下降的趨勢（行政院衛生署死因結果統計分析，2007）。

　　許多先進國家人口老化過程所引發的各種問題已經顯現，包括生產力降低、醫療和照顧費用提高等經濟面問題，以及老人安養、國民年金等社會福利問題，高齡族群的快速成長所伴隨的生活支援與健康照護的需求，在少子化的趨勢下已經無法單純由增加照護者人數來達成，此外高齡者的社會參與、休閒、終身學習等需求，都應該予以關注。

　　隨著台灣健保制度的發展，由先前依量給付轉變為總量給付，

乃至目前新制的DRGs（疾病診斷關聯群：Diagnostic Related Groups, DRGs）論病計酬給付制度，各項轉變對國內醫療院所造成極大的衝擊及挑戰。如何在有限的健保給付額度下控制醫療成本的支出，並且能維護醫療照護的品質，是醫療服務體系必須面臨的挑戰。藉由資通訊技術建構的遠距居家照護服務系統，可以輔助醫療院所提供更有效率、低成本的照護服務，除了降低醫療成本的支出之外，更藉由長期、持續性的服務模式可以更有效地掌握病患的健康。

第二節　資通訊技術對醫療照護形式的轉變

　　科技的快速發展及資通訊技術的不斷進步，已經讓醫療服務從醫院向外沿伸，並對醫療照護的形式帶來衝擊以及新的發展，「遠距醫療」（tele-medicine）、「遠距居家照護」（tele-homecare or home tele-health）等領域近十年來廣泛受到重視。這些結合資通訊科技產生的新興醫療照護形式（和專有名詞），常常可能造成混淆。「遠距醫療」一般是指利用資訊通訊科技協助執行臨床的醫療照護，根據美國遠距醫療協會（American Telemedicine Association, ATA, http://www.atmeda.org/）的定義，遠距醫療是"利用經由電子通訊從一處傳輸至另一處的醫療資訊，來改進病人的健康狀況"遠距醫療可以概括定義爲病人和遠端的醫師之間利用各種通訊方式傳輸醫療資訊或進行問診，醫師並藉此做出診斷並進行治療的行爲。

　　與「遠距醫療」很接近的專有名詞「遠距健康」（telehealth）則有一個比較廣泛的定義，指的是利用資通訊科技進行遠距健康照護相關的活動，但並不一定是臨床醫療行爲，像是透過遠距生理訊號傳輸，以監測使用者的健康狀況，甚至透過遠距教學的方式對醫

護人員進行在職進修課程，都是屬於「遠距健康」的應用範疇。根據美國遠距醫療協會（American Telemedicine Association, ATA, http://www.atmeda.org/）的定義，遠距健康是"遠距健康通常被用來廣泛的定義為所有的遠端健康照護服務，但不包含醫療診斷服務"，如果遠距健康照護發生的地點之一是在病人的家中的話，便稱作「遠距居家照護」（telehomecare or home telehealth）。早在1998年，加拿大的"Office of Health and Information Highway"便對「遠距居家照護」一詞做了如下定義（Office of Health and Information Highway, Canada, 1998）：「遠距居家照護可以被定義為，利用資訊通訊科技，使能在病人家中有效地提供並管理健康照護服務。」

「遠距居家照護」和「遠距醫療」最大的不同，是遠距居家照護不必然牽涉到醫療行為的執行，因此傳遞或接收健康資訊的人不全然是醫師，還可能包括使用者本身、家人、護理人員、照護者或其他醫療照護專業人員等。而遠距居家照護最重要的目標，就是讓使用者（病人、高齡者）能夠有尊嚴地留在家中居住、生活，維持的時間越久越好，同時也能接受到完整、高品質的健康照護。

居家環境是每個人最熟悉的空間，也是停留時間最長的場所，利用資訊通訊科技建立「遠距居家照護系統」（home telehealth system）可協助照顧家中的高齡者，讓高齡者能夠有尊嚴地在自己家中居住、生活，已經是高齡化社會中健康管理與照護上重要的潮流。

第三節　國內外遠距居家照護系統案例介紹

遠距居家照護相關的研究計畫、試辦計畫非常多，本節以國

內外已經進行商業化營運的系統爲主，挑選比較有規模、有代表性的案例，分類做介紹，最後並歸納出遠距居家照護系統的典型架構。

　　評估、瞭解這些商業化營運系統時，系統服務內容、收費金額及方式是重要的資訊，本章中所列出各系統之服務內容及收費金額爲撰寫當時所調查資料，但經營單位隨時可能調整或更新，仍應以經營單位最新資料爲準，本文提供資料僅供閱讀參考。

一、個人緊急救援系統

　　「個人緊急救援系統」（Personal Emergency Response System, PERS）應該是遠距居家照護最早的服務形式，早在1970年代便是用來提供獨居、高風險的高齡者緊急救援的重要科技，如"Philips Lifeline Service"（http://www.lifelinesys.com/）便是最早、且最爲大眾接受的個人緊急救援系統之一，這個系統是1974年由美國Lifeline System公司所發展，該公司在2006年被Philips電子公司收購。

　　Lifeline系統採用的技術十分單純，系統硬體主要包括與遠端「緊急反應中心」（emergency response center）溝通聯絡的主機（Lifeline公司稱作"Lifeline CarePartner Communicator"），以及配戴在使用者身上的「個人求助按鈕」（personal help button）兩個部分，個人求助按鈕並且製作成手錶、項鍊兩種形式，方便高齡者隨身配戴。個人求助按鈕基本上是一個小型無線電發射器，緊急狀況發生時高齡者按下按鈕便可將求助訊號無線傳送至家中的主機，主機再經由家中電話線傳送到遠端的緊急反應中心請求救援。家中的主機基本上是一具對講機式電話（speaker phone），遠端緊急反應中心服務人員接獲求助訊號，便可透過主機與高齡者通話，

瞭解高齡者目前的狀況,並且協調救護單位或聯繫高齡者的子女、照護者提供救援。

北美地區Lifeline收費標準視用戶居住地區而有所不同,大約是一天一美元左右,目前在北美地區約有五十萬用戶。除了緊急救援服務外,Lifeline近年來也推出所謂"Lifeline With Reminder"服務,遠端緊急反應中心可以主動透過家中主機提醒高齡者按時服藥、就醫等,子女或照護者也可在家中主機預錄提醒訊息,定時提醒高齡者。

Teasdale和Roush(Teasdale and Roush, 2001)曾經以使用Lifeline的高齡者為對象,調查PERS使用的效益,調查對象都是70歲以上、獨居、有跌倒風險、最近曾接受手術或有心血管或肺部疾病的高齡者。調查對象共分為三組,第一組90位高齡者使用PERS十二個月以上,第二組88位高齡者使用PERS六個月後就停止,第三組則為控制組,共有89位完全沒有使用PERS的高齡者。在這項研究中,所有使用過PERS的高齡者都反應在使用PERS的期間得到更大的心理安全感,第一組高齡者(使用PERS十二個月以上)的身體活力和心理健康也明顯高於未使用PERS的高齡者。

(一)生命連線基金會、金立盟安全科技股份有限公司

國內的個人緊急救援系統服務業者目前較有規模的有生命連線基金會和金立盟安全科技股份有限公司,主要服務對象都是年滿65歲以上、患有猝發性疾病及失能的獨居長者,其中生命連線基金會直接引進Lifeline系統設備,而金立盟安全科技股份有限公司則以自行開發之系統設備提供服務。與前述Lifeline提供的服務相比較,除了意外事件及緊急醫療事件處理外,生命連線基金會與金立盟安全科技股份有限公司兩家業者都結合了地區社會福利團體,也

提供定期居家訪視服務、健康問題諮詢與心理衛生支持等服務，為PERS提供了更高的附加價值。

　　國內業者安裝個人緊急救援系統時並不收取系統設置與設備費，每月固定收取新台幣1,500元，凡經由政府機關評估符合社會福利補助條件者，政府可提供全額補助。根據行政院主計處的統計，截至2007年各縣市列冊需要關懷的獨居老人共48,670人，其中有4,320人安裝緊急救援連線（內政部統計資訊服務網，2008）。據了解目前兩家業者服務對象幾乎都是由政府補助，自費裝置PERS的案例仍屬少數。

(二)台灣普吉帝隨身導護服務

　　台灣普吉帝公司也藉由與電信公司的合作，以自行開發之分離式隨身導護裝置以及手機隨身導護加值軟體，以藍芽通訊介面結合現有的手機，提供即時監控、導引諮詢、緊急救援等系統服務，**圖2-1**為隨身導護的服務架構圖。參加隨身導護的會員以分離式隨

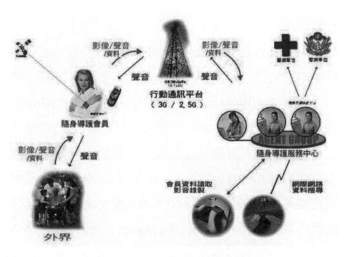

圖2-1　隨身導護的服務架構圖

資料來源：http://www.sysfeather.com/

身導護裝置，透過手機傳送即時狀態與緊急求救訊號，隨身導護服務中心在接收到訊號後，會依據會員的狀況執行應變計畫，提供導護服務。目前隨身導護與電信業者合作，除需購買相關的硬體裝置外，仍須申辦個人通訊門號，並簽署月基本費 200 元以上（含）之二年期合約，即可享有專屬的導護服務。

(三)中興保全：MiniBond

國內另外一項可歸類於個人緊急救援系統的服務，是中興保全為失智老人提供的的"MiniBond"（http://www.minibond.tw），採用「輔助全球衛星定位系統」（Assisted Global Positioning System, AGPS），提供的服務包括位置查詢、定時回報、遠端守護、緊急求救、簡易通話、派遣服務等。AGPS是一種利用手機基地台訊號輔助GPS定位系統的新技術，一般GPS使用太空中的24個人造衛星以三角定位GPS接受器的位置，而AGPS則是透過網路連線至基地台伺服器獲得衛星位置，大幅縮短定位時間，但手機需連線至基地台伺服器，相較於免費的GPS系統，增加了另一筆額外的資料傳輸費用。

圖2-2為MiniBond的服務架構，高齡者隨身攜帶MiniBond行動電話，藉由AGPS定位即可確認其位置。緊急狀況（如迷路）發生時，高齡者按下MiniBond行動電話上的求助按鈕，MiniBond監控中心接獲求助訊號，便立即通知家屬接收到的求助訊號及高齡者目前位置，必要時家屬可請求派遣支援，中興保全即派員前往現場提供援助。根據MiniBond網頁資訊，MiniBond設備費用單機18,000元（或綁約兩年6,999元)，每月基本服務費699元，派遣服務兩小時內3,000元，超過兩小時每小時加1,000元（通話費另計）。

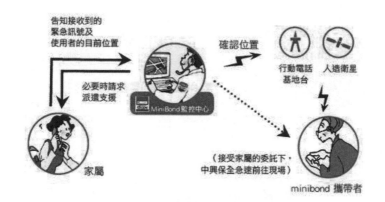

圖2-2　MiniBond的服務架構

資料來源：http://www.minibond.tw

二、日常活動監測

　　英國的Tunstall公司（http://www.tunstall.co.uk/）將Lifeline個人緊急救援系統感測器的種類加以擴展，成為如**圖2-3**所示Tunstall的"Lifeline 4000+"系統架構。除了個人求助按鈕之外，Lifeline 4000+也連接了許多防盜、防災相關的感測器，當居家環境被侵入，或是發生火災、一氧化碳過高、地板積水、跌倒等意外狀況時，可以藉由這些感測器收集到的資訊，由家中主機或是Tunstall的監測中心及早預警或做出適當反應。Lifeline 4000+也透過"Tunstall Lite"裝置和主機的整合，提供家中電視、電燈、大門等遙控的功能，同時更提供了對高齡者「日常生活活動」（Activities of Daily Living, ADL）的監測。

　　許多學者嘗試建立日常居家行為模式與疾病、生理機能退化之間的關連性。最早澳洲的新南威爾斯大學Celler等學者（Celler et al., 1995）便曾經發表一項以預判高齡者健康狀況變化為目的之遠端監測研究計畫，他們認為高齡者從健康、獨立到生病、虛弱其實

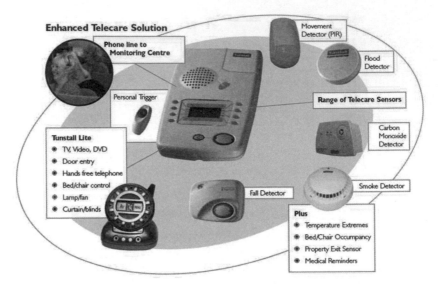

圖2-3　英國Tunstall公司的 "Lifeline 4000+" 系統架構

資料來源：http://www.tunstall.co.uk/

有一個轉移的過程，然而這個精細、微妙的過程不易為照顧者、醫生、甚至高齡者本身所察覺。因此他們嘗試證明從一些簡單的監測，如高齡者的活動力、睡眠模式，乃至於使用廚具、盥洗、如廁的模式，便能夠預先判知高齡者功能性健康狀況的改變，從而發出適當、即時、合乎成本的通知並進行處理，以減低高齡者罹病率，維持高齡者獨立、良好的生活品質。Suzanne（1997）等人的研究也顯示日常行為模式改變時，可能代表潛在疾病或生理機能退化的早期徵兆；Kenneth（2000）等人更藉由安養機構中健康照護者的實際服務經驗，證實了疾病與生理機能退化會導致心理層面與生理層面的行為改變，藉由觀察記錄這些改變的過程，可以及早預防疾病與生理機能更加惡化的可能。

　　瞭解高齡者是否起床、準備餐食、定時服藥、維持正常的日常生活活動，對於高齡者照護是非常基本的資訊，傳統上照護者

還是需要實際居家訪視、觀察，反覆詢問高齡者，才能深入瞭解高齡者日常生活活動是否有特殊困難。如圖**2-4**所示，Tunstall的ADL監測系統在各種家電、家具上都布置了感測器，以無干擾性（unobtrusive）的方式監測高齡者的日常生活活動，感測訊號經由Lifeline 4000+主機傳送至中央伺服器（MIDAS II Server）做進一步的儲存與分析，擷取使用者的行為模式。照護者和監測中心可以透過網際網路讀取相關資料，當高齡者的ADL與長期累積的均值（norm）模式不合時，系統會辨識出來，提醒照護者瞭解原因並採取必要的預防措施。

　　Tunstall公司在1957年成立於英國倫敦，歷經50年的擴展，現今已於各大洲十餘個國家設立分公司，根據Tunstall統計，目前使

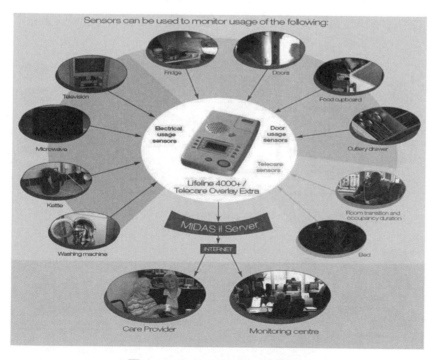

圖2-4　Tunstall的ADL監測系統

資料來源：http://www.tunstall.co.uk/

用該公司產品的人數已達250萬人。"Tunstall Taiwan"－台灣康舒安公司（http://www.tunstall.com.tw/）也於2007年7月正式成立台灣分公司及緊急回應中心，支援台灣全國的緊急回應服務，初期銷售產品以"Tunstall 400"為主，仍然屬於PERS個人緊急救援系統，有額外提供網路攝影機視訊監測服務。

三、生理訊號長期監測

對於患有慢性疾病（如糖尿病、心血管疾病）的高齡者來說，在居家環境下進行生理訊號的長期監測是十分重要的。在居家生理訊號監測系統方面，位於美國加州的Health Hero Network, Inc.（http://www.healthhero.com/）可說是最具代表性的公司之一，國內的百略科技是其重要合作夥伴。**圖2-5**為"Health Buddy System"

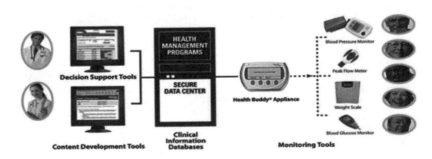

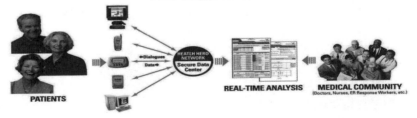

圖2-5　Health Buddy System

資料來源：http://www.healthhero.com/

系統架構，系統的監測工具（monitoring tool）包括該公司開發的家庭主機 "Health Buddy® Appliance"，以及周邊搭配的血壓、血糖、體重、尖峰吐氣流速（peak flow）等生理訊號量測裝置。Health Buddy® Appliance為系統之核心，重量約570公克，產品長寬是120mm×228mm，處理器採用Samsung ARM 2410，作業系統為Linux，並具備4個USB Port供連接生理訊號量測裝置、1個RJ-45 Port供網路連接，另外並配置1個解析度640×240的液晶螢幕(LCD)、64MB的記憶體。使用者於家中量測生理訊號，暫時儲存於Health Buddy® Appliance，於每日固定時間將資料上傳至Health Hero公司的「臨床資訊資料庫」（clinical information database），Health Hero公司人員並開發後端的「決策支援工具(decision support tools)」及「內容開發工具」（content development tools）進行健康資訊分析與管理。高齡者、家人或照護人員可以利用行動電話、PDA、個人電腦等能夠連上網際網路的設備查詢高齡者生理狀態資料，此外系統亦提供即時分析（real-time analysis）進階的使用介面，可提供醫生或護理人員進行資料檢閱、管理與分析。

　　Health Buddy System的臨床資訊資料庫非常強調使用者隱私與安全維護，包括伺服器存放地點的安全性、伺服器的防火牆建置、資料傳輸加密機制等。Health Buddy System另一項特色，是配合照護內容不同，Health Buddy® Appliance有相對應之健康管理程式，而在Health Buddy® Appliance的互動程式介面中，使用者以按鈕方式回答Health Buddy® Appliance之LCD螢幕呈現的一系列問題，Health Buddy® Appliance則根據使用者的回答做出相對應的回覆與要求，除了指示使用者進行生理訊號量測之外，同時也達到對使用者進行衛生教育的目的。Health Buddy® Appliance在國美售價為99美元，且每月須繳49.99美元的服務費用。

(一)富士通株式會社：遠距醫療照護服務

　　遠距居家照護產業近年來在美國開始蓬勃發展，和美國在2006年起開放健康照護產品的保險給付有密切關係。日本是人口結構高齡化最嚴重的國家，早在數十年前便意識到高齡化社會的問題。日本的「保健福利部」（The Ministry of Health and Welfare, MHW）很早便將遠距醫療照護定位為輔助性的醫療服務，並於1997年頒佈「介護保險法」（「介護」為日文用法，中文解釋為「長期照護」），於2000年4月開始執行，強制40歲以上的日本國民加保介護保險。介護保險法中將介護的範圍分成「需要支援」或「需要介護」兩類，於需要介護的情形之下又分五個介護等級給予不同程度的補助。介護保險提供的補助經費有50%來自日本政府，50%來自保險收入，用以支付給提供服務的單位。日本同時亦不斷支持產業界發展相關科技研究，鼓勵發展並推廣相關資通訊系統提供服務，提供高齡化社會更好的解決方案，同時促進相關產業發展。

　　日本的富士通株式會社所提供的遠距醫療照護服務，即為介護保險制度下產生的代表案例，富士通利用其資通訊技術建立居家與醫療照護機構的通訊網路，於日本國內同時推行遠距醫療與遠距健康照護管理，並依照個人及地區特性，提供個人居家照護服務或社區關懷照護模式。圖2-6為富士通於日本地區提供的遠距醫療健康照護服務架構，富士通以其服務系統，透過視訊電話接受健康諮詢或照護服務，並藉由上傳生理訊號以及照護中心提供的資訊進行自我健康管理，當遇有緊急狀況時可按下緊急通報鈕向救助單位求助。

　　富士通除了提供系統服務外，也與社福機構、醫院、診所、衛生機關、照護服務提供者、消防局等結合，提供照護服務。地區

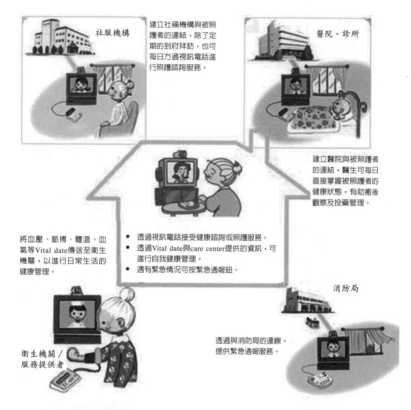

圖2-6　富士通於日本地區提供的遠距醫療照護服務架構

資料來源：http://www.fujitsu.com/tw/

居民可以依照自身的情況，購入富士通的系統照護設備於居家使用，或透過社區服務中心之富士通系統照護設備，進行遠距醫療或健康照護管理。

富士通遠距醫療照護系統目前在日本已有數十個導入案例，例如兵庫縣八鹿町於2005年4月正式將系統安裝至100戶高齡居家住宅，高齡者透過此系統定期上傳生理資訊，並利用其視訊設備與照護人員溝通對話，照護人員依照高齡者上傳之長期生理資訊提供健康建議，並協助進行自我健康管理。

(二)明展生醫：即時生理監控系統

　　明展生醫與振興醫院合作推出「即時生理監控系統」，以整合生理量測設備的藍芽傳輸器（Vital Bee）、家庭照護閘道器（Vital Box）、遠距醫療照護系統（Vital System）、心電圖量測帶（Vital Belt）、家庭照護手機（Vital Mobile），推出如**圖2-7**所示的居家照護服務以及**圖2-8**所示的行動照護服務。

　　明展生醫以自行開發的藍芽傳輸器，以標準序列埠（RS-232）連結市售的生理量測設備，按下藍芽傳輸器上的按鈕，即可將量測的生理量測資料以藍芽傳輸至家庭照護閘道器，再經網際網路傳輸至遠距醫療照護系統，由系統服務人員提供照護服務，且於傳輸生理量測資料的同時，同步將生理量測資料記錄於家庭照護閘道器上的USB儲存裝置，使生理量測資料可以隨身攜帶。

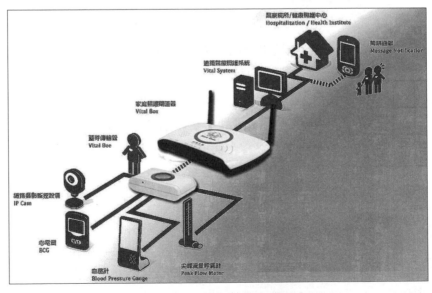

圖2-7　明展生醫居家照護服務

資料來源：http://www.aescutechnology.com/home_care.html

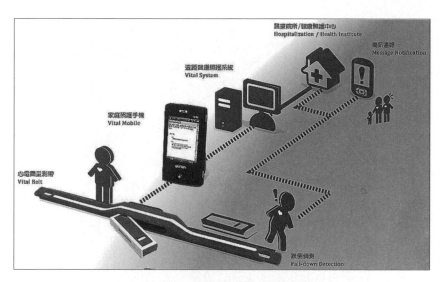

圖2-8　明展生醫行動照護服務

資料來源：http://www.aescutechnology.com/mobile_care.html

　　明展生醫同時也提供隨時隨地的行動照護服務，依據明展生醫官方網站內的介紹，其提供的心電圖量測帶可儲存記憶生理訊號，並具有藍芽無線傳輸的功能，可將生理訊號透過藍芽傳輸至家庭照護手機，家庭照護手機以3G立即將生理資料傳送至配合的醫療單位，由專業醫護人員提供照護服務，提供即時的行動照護服務，此外心電圖量測帶具有跌倒偵測的功能，當配戴心電圖量測帶的使用者發生跌倒的意外事件時，立即透過家庭照護手機將訊息傳至照護中心，通知指定的緊急聯絡人，提供緊急照護服務。

(三)個人健康記錄

　　圖2-9所示是美國另一家MediCompass網站（http://www.medicompass.com/）所提供的「個人健康記錄」（Personal Health Record, PHR）營運架構。這個PHR網站的目的在提供網際網路線

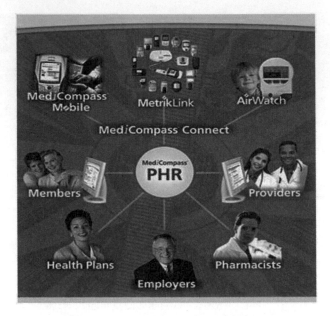

圖2-9　MediCompass網站營運架構

資料來源：http://www.medicompass.com/

上資源，讓使用者可以儲存和追蹤所有健康相關的資料，同時可以和家人、照護者、醫護人員、保險公司、甚至雇主等共享本身的健康資訊。使用者透過"MetrikLink"等硬體裝置將量測生理資訊傳送至中央伺服器，也可由鍵盤直接輸入量測數據。PHR服務相對簡單，僅以長期資料記錄管理為主，收費也較為低廉，MetrikLink硬體費用約80美元，每月服務費用約5美元。

(四)宇麥國際、展略醫學科技

國內提供個人健康記錄服務的有宇麥國際的「糖尿病友互動網」以及展略醫學科技的「Health MI」，此兩家業者提供網際網路線上資源，讓使用者以手動記錄的方式，自行管理自身的所有健

康數據、生活日記、飲食作息等資訊，並且不額外收取費用，當需要醫師或專業照護機構提供服務時，則需要額外支付服務使用費。其中展略醫學科技亦提供特定量測儀器直接上傳平台的功能，增加使用者紀錄的便利性。

(五)Dr. eye Health健康筆記服務

英業達於2008年推出「Dr.eye Health健康筆記服務」（如圖2-10），此軟體以Java做為程式開發環境，與血壓計搭配，提供跨平台的個人健康紀錄服務。使用者在家中自行量測血壓後，連結健康筆記軟體即可將資料上傳至「Dr.eye Health 健康悠活網」，或登入Dr.eye Health網站，以手動輸入的方式將資料上傳。此軟體也可

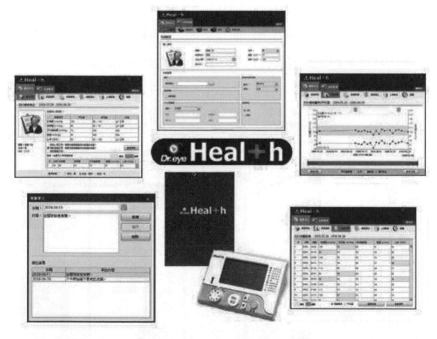

圖2-10　Dr.eye Health健康軟體

資料來源：http://www.dreye-health.com/

預裝在 USB 隨身碟中，隨身記錄管理健康記錄，幫助使用者儲存和追蹤健康數據，管理自己的健康生活。此外Dr.eye Health 也提供使用者線上分享與互動的社群平臺，透過社群的分享與協助，讓使用者獲得正向的健康觀念與先進的生活知識。

(六)亞太健康遠距科技：遠距居家照護$4999專案

國內早在2003年便曾經由亞太健康遠距科技股份有限公司（Asia Pacific Telehealth Technologies）引進加拿大MEDCAN Health Management Inc.經過FDA認證的居家生理訊號量測設備，試圖建立商業化之遠距居家照護模式，可說是國內的先驅者。**圖2-11**為當年自其公司網站下載之整體架構圖，及其「遠距居家照護$4999專案」收費標準與服務項目。基本上亞太健康遠距科技股份有限公司提供的服務和前述Health Hero非常類似，但是增加了以視訊方式進行遠距健康諮詢以及到府照護服務。然而這個遠距居家照護系統似乎並未獲得國內使用者廣泛接受，目前已沒有繼續經營。

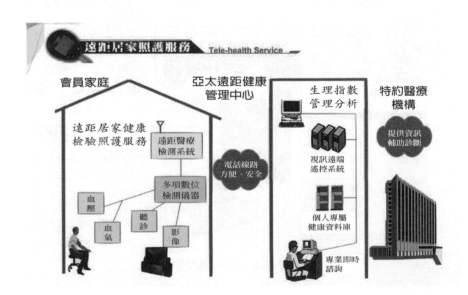

遠距居家照護＄4999專案

I. 服務內容
· 每週專業照護人員到府照護服務
· 資深護理師提供遠距健康諮詢
· 每月提供健康報告書
· 每年一次的血液分析及檢測
· 特約醫院的掛號、轉診及領藥服務
· 健康資料保存全球使用
· 提供最新的健康保健資訊

II. 收費標準
加入會員入會費＄2000及第一個月服務費$4999於申請加入時繳交，採現金或信用卡刷卡付款。於每月第一週到府照護服務時同時收取，採現金付款，收費同時開立收據。

圖2-11 亞太健康遠距科技之遠距居家照護系統架構

(七)眞茂科技：遠距照護服務

近年來國內學術界、產業界、乃至於各級醫院在遠距居家照護相關的研究計畫、試辦計畫非常多，也陸陸續續有商業化產品或系統發表，基本概念都非常類似。例如眞茂科技在2007年5月發表其遠距照護服務（http://www.netown.net.tw）便是一個典型的系統，在家庭中或社區內使用「眞茂寶貝機」或「眞茂珍愛」每日固定量測血壓值、血糖值、脈搏、體重、BMI、血氧量、尖峰吐氣流速值等，所得生理量測值上傳至系統，使用者可在網路上看到生理量測值的即時及歷史資料，在平時固定至醫療院所回診時，醫師可以讀取這些資料，以做精確的健康評估。此外當系統接收到使用者所量測的生理資訊超過正常值範圍時，會立即對量測者本身、親友及家庭醫師，以簡訊及e-mail發出異常狀況提醒，讓三方能即時察覺到量測者的身體異常狀況，並做出回應處理。根據媒體報導資

料，寶貝機設備費用25,000元，量測設備需另購，若需要網路化資料處理與警急事件服務，則需支付每月基本服務費999元。

(八)遠雄建設：遠距健康照護示範計劃

遠雄建設於2006年參與「遠距健康照護示範計劃」，並策劃成立台灣首座「遠距護照」健康管理社區，協同醫學中心專業諮詢團隊，將遠距照護的觀念與服務開始推廣至遠雄住戶。2008年7月於林口地區與工研院、馬偕醫院成立「遠距照護諮詢中心」，於每週六安排一位專業醫師與護士進駐諮詢中心，提供遠雄建設住戶與林口地區居民遠距照護諮詢等健康服務。

圖2-12為遠雄建設成立的遠距健康照護示範社區，除了成立上述的遠距照護諮詢中心，遠雄建設並提供每位未來市住戶監測用的

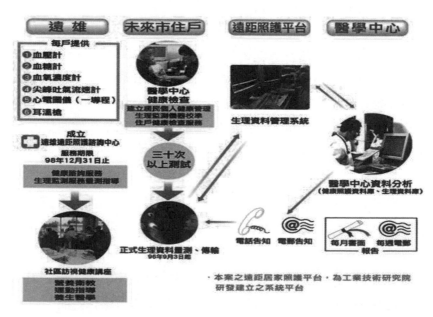

圖2-12　遠雄建設：遠距健康照護示範社區

資料來源：http://www.housegogo.com.tw/

血壓計、耳溫槍、血糖計、血氧濃度計、一導程心電圖儀與尖峰吐氣流速計6種與遠距照護相關的硬體設備，透過社區內原有的網路環境，將資料傳送至遠距照護平台配合醫學中心進行生理資料分析，給予住戶健康分析與建議。

目前共有2,050遠雄住戶具有遠距照護相關的硬體設備（中央社，2008/07/26），遠雄建設決定自行吸收其住戶相關硬體的建置費用，預定於每戶2個名額的狀況下，採前半年免費，之後每人每月收費約1,000元的收費模式，提供服務至2009年12月底。

(九)網遠科技：銀髮族遠距居家照護系統

圖2-13為網遠科技提供的銀髮族遠距居家照護系統，於居家環境中以自行開發的「E-Box」與RFID無線射頻辨識技術，配合「複合式生理監視儀」於居家環境中蒐集不同高齡者的血壓、血氧與心率等量測資料，並將得到的資料上傳至醫療照護平台，提供照護服

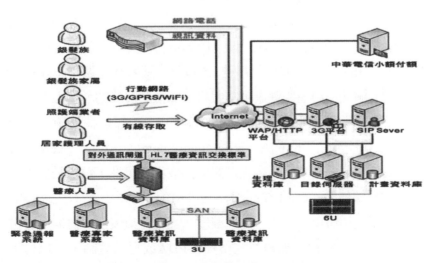

圖2-13　網遠科技銀髮族遠距居家照護系統

資料來源：http://www.farnet.com.tw/

務，家人、照護者與醫師可透過網際網路即時取得上傳至平台的健康資訊。當量測資料超過設定範圍，系統平台將即時發送緊急通報訊息通知對應的家人、照護者或醫師。

網遠科技以E-Box結合3.5G行動通訊與網路視訊設備，以及配合「主動式網路型RFID Reader」、「主動式腕帶型標籤」、「複合式生理監視儀」，使其系統可經由無線通訊傳送健康資料，並與高齡者進行線上互動，提供影像醫療照護與關懷服務。

(十)亞東醫院、振興醫院

國內亞東醫院最早針對心臟手術後的病人提供「安心卡」服務，是和前述系統比較不同的遠距居家照護模式。安心卡式專為心臟血管疾病患者設計，內建精密錄音裝置的電子卡，體積只有名片大小。病人感到心臟不適時，可將安心卡卡片放置在心臟前，錄下20秒心音後再用市內電話或行動電話傳回醫院的接收器，將心音轉換成心電圖，醫師便可依此心電圖進行判讀，能在第一時間偵測病情、處理病況，同時還能建立專屬病歷資料庫，隨時掌握病患的病情變化。其醫療團隊服務費用每月2,500元，安心卡設備費用可單買安心卡35,000元，或租用每週1,500元。國內其他醫院也陸續開始提供心臟病病患遠距健康照護服務，如振興醫院的「護心卡」。

亞東醫院的安心卡和振興醫院的護心卡，都是採用瑞士Card Guard公司的產品（http://www.cardguard.com/）。Card Guard的技術專長除了心血管疾病相關生理訊號擷取與分析外，也擅長於生理訊號的無線傳輸。Card Guard最新的PMP4系統中，所有生理訊號量測裝置包括體重、血壓、血氧濃度、尖峰吐氣流速、血糖、心電圖等，量測訊號都以無線方式傳輸至PDA或行動電話，再以行動電話通訊平台直接上傳至「PMP網路醫療中心」（PMP Web-based

Medical Center）。

(十一)遠傳電信：880行動照護

遠傳電信透過自身的通訊服務平台與亞東醫院合作，推出
「880行動照護」，遠傳電信用戶以手機撥880，接通後按0，就可
接至亞東醫院，進行預約掛號、客服諮詢、洽詢處方箋的服務，並
與亞東醫院安心卡服務結合。此項服務並不額外收取服務費用，僅
收取手機通話費（每秒0.1元）。

(十二)中華電信：氣喘手機

在行動電話通訊平台的應用上，2006年國內中華電信和長
庚醫院合作推出「氣喘手機」（架構如**圖2-14**），將氣喘照護的
WHO標準範例建置於系統平台，系統平台依據患者輸入之健康資
料判斷、分析，再藉由手機的定位系統提醒患者周遭空氣、氣溫等
變化，提供每日氣喘狀況報告、定期電話關懷、每月氣喘評估報告
與長庚氣喘專線掛號服務。氣喘手機付費方式為月付299元（免收
設定費及日後簡訊提醒費用），台灣胸腔協會提供低收入戶氣喘病
患，免繳一年的氣喘照護服務月租費（3,588元）及專案購置手機
的優惠。

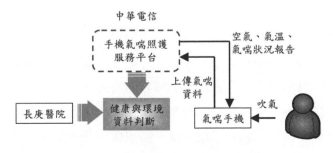

圖2-14　「氣喘手機」服務架構

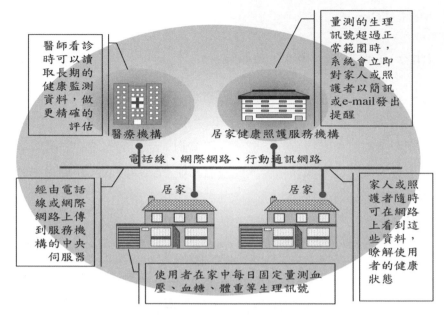

量測的生理訊號超過正常範圍時，系統會立即對家人或照護者以簡訊或e-mail發出提醒

醫師看診時可以讀取長期的健康監測資料，做更精確的評估

醫療機構　　居家健康照護服務機構

電話線、網際網路、行動通訊網路

居家　　　　　居家

經由電話線或網際網路上傳到服務機構的中央伺服器

家人或照護者隨時可在網路上看到這些資料，瞭解使用者的健康狀態

使用者在家中每日固定量測血壓、血糖、體重等生理訊號

圖2-15　典型的遠距居家照護系統架構示意圖

第四節　典型的遠距居家照護系統架構

　　總結以上的討論，**圖2-15**是一個典型的遠距居家照護系統架構示意圖，高齡者（或其他使用者）在家中量測血壓、血糖、體重、心電圖、乃至於日常生活活動（ADL）等各種生理訊號，經過電話線（包含行動電話通訊）或網際網路傳送到「居家健康照護服務機構」（home healthcare provider）的集中式資料庫儲存，並做進一步的資料管理與分析。家人或照護者隨時可在網路上看到這些資料，瞭解高齡者的健康狀態，如察覺所監測之生理訊號有異常，或者接獲高齡者傳來的緊急求助訊號，居家健康照護服務機構會對家人或照護者發出警訊，並可轉介使用者至醫療單位做進一步診治。

高齡者就診時，醫療單位也可查閱健康資料管理中心的長期監測資料作爲診斷參考。

　　本章敘述之國內外遠距居家照護系統案例，依監測的項目分爲個人緊急救援服務、日常生活活動監測以及生理訊號長期監測等三大類。個人緊急救援服務的目的主要是緊急、意外事件的立即通報與救援，而日常生活活動監測及生理訊號長期監測系統的目的主要在於「長期健康監測」（long term wellness monitoring），建立長期的健康狀況資料。

　　這些國內外遠距居家照護系統案例以主導產業分類，可概分爲由醫療院所主導（如亞東醫院、振興醫院）、由電信公司主導（如中華電信）、由保全公司主導（如中興保全）以及由建設公司主導（如遠雄建設），最普遍的還是以所謂「居家健康照護服務機構」或醫療器材廠商爲主導產業，如Lifeline、Tunstall、Health Hero、Fujitsu、MediComapss、Dr.eye Health、Card Guard、亞太、眞茂、宇麥國際、展略醫學科技，都可被歸類爲遠距居家照護服務提供者。從不同產業出發提供遠距居家照護服務，爲了結合本身既有的資源與架構，所強調的主題、經營的模式以及資訊與通訊架構也有所差異，如醫療院所多以疾病照護爲主題，充分結合本身的醫療資源；電信公司則強調通信平台（特別是行動電話）的應用，並且可以配合電信公司既有的收費系統收費；保全公司可結合既有的通報中心、保全員之架構；建設公司則在建築設計中考慮相關的設施建置，將資通訊基礎建設與量測設備與居家環境整合；單純由居家健康照護服務機構或醫療器材廠商推動的遠距居家照護系統，除了個人健康照護記錄（PHR）的經營模式，強調自我健康管理的概念之外，大多還是結合醫療機構、照護單位、政府機構、社會福利機構等，希望提供更爲完整的照護服務。

　　遠距居家照護系統使用的設備，不外是家中的主機與周邊配

合的感測器。家中的主機主要的功能，是作為傳輸資料至居家健康照護服務機構的集中式中央伺服器的通訊閘道（gateway），大多由居家健康照護服務機構或醫療器材廠商自行開發，或利用個人電腦、PDA、行動電話作為資料傳輸的通訊閘道。周邊感測器方面，目前一般市售血壓計、血糖計等，多已內建資料儲存及傳輸的功能，因此遠距居家照護系統也大多能夠搭配市售產品使用，但感測器有特殊用途（如ADL感測器）、特殊功能（如無線傳輸）或必須搭配特定主機時，則還是由居家健康照護服務機構或醫療器材廠商自行開發。

遠距居家照護系統將量測資訊上傳至中央資料庫所使用的資訊傳輸管道，從最簡單的「公共交換電信網路」（Public Switched Telephone Network, PSTN）（就是家中電話線）外，有線、無線寬頻網路與行動電話網路亦提供不同服務資訊傳輸介面，增加遠距居家照護應用於不同環境上的可能性。

資訊傳輸管道的選擇，和遠距居家照護系統的應用情境（如使用處所、使用對象、硬體及服務收費，以及傳輸資料性質、頻率、傳輸量等）有關。例如前述PERS個人緊急救援系統服務主要以觸發緊急訊號傳輸為主，並提供居家使用者與服務人員進行對話，資料傳輸頻率低、資料量少，因此透過PSTN於環境的普及率與可靠度優勢，可以迅速建立此類服務。相對於PSTN系統架構，寬頻網路服務架構提供了大量的資料傳輸管道，擴展了遠距居家照護可以收集的資料範圍，並開創更多可能的遠距照護服務。但是寬頻網路於居家端的環境架設成本較高，一般家庭若同時負擔寬頻網路費用與遠距居家照護服務支出是不小的經濟負擔，可能造成遠距居家照護系統於市場上推廣的障礙。

為達到「無所不在」（ubiquitous）的遠距居家照護環境，利用隨身行動電話作為查詢健康資料和傳送緊急訊息的平台，將是遠

距居家照護系統未來發展的重點，相關廠商亦積極發展利用行動數據網路（包括GPRS、3G、3.5G，乃至未來的WiMax）提供照護服務。然而先進的通訊技術似乎並不是系統成功最重要的因素，例如Lifeline採用的通訊技術簡單、可靠、普及度高，反而成為優勢。

第五節　遠距居家照護系統的困難與挑戰

居家環境是每個人最熟悉的空間，也是停留時間最長的場所，利用資訊通訊科技建立遠距居家照護系統可協助照顧家中的高齡者，讓高齡者能夠有尊嚴地在自己家中居住、生活，已經是高齡化社會中健康管理與照護上重要的潮流。

大部分的遠距居家照護系統採用集中式資料庫（centralized database）架構，高齡者（或其他使用者）在家中量測體重、體溫、血壓、血糖、心電圖、乃至於日常生活活動等各種生理訊號，經過電話線（包含行動電話通訊）或網際網路傳送到居家健康照護服務機構的集中式資料庫儲存，並做進一步的資料管理與分析。家人或照護者可登入此集中式資料庫查詢高齡者的健康資料，此外若相關控管程式察覺高齡者之生理訊號有異常，或者接獲高齡者傳來的緊急求助訊息，居家健康照護服務機構將會主動關切高齡者狀況，以及對家人及照護者發出警訊，並可轉介使用者至醫療單位做進一步診治。高齡者就醫時，醫療單位也可查詢此集中式資料庫的長期監測資料作為診斷參考。

遠距居家照護系統所需的生理訊號量測裝置，如體重、體溫、血壓、血糖、心電圖等，都已有成熟的商品可直接利用，因此技術面的研究大多著重於利用各種通訊技術，建立量測裝置與遠端集中式資料庫間之通訊閘道。此類技術並不困難，然而如圖**2-15**

的架構，監測資料產生的地方（居家環境中的感測器）到監測資料儲存的地方（居家健康照護服務機構的集中式資料庫）傳輸路徑很長，過程中發生傳輸不穩定或斷路的可能性大，因此監測資料傳輸的可靠性反而是技術面上之重要考量，如果資料傳輸的可靠性不佳，集中式資料庫所儲存之健康資料的完整性（data integrity）便不易維持。

從營運與服務面來看，採用集中式資料庫的「服務導向系統」（service oriented system）規模較大，所需基礎建設投資大，成本往往較高，且牽涉到複雜的異業整合，系統建置的難度較高。為維護使用者的監測資料並提供相關服務，採用集中式資料庫的遠距居家照護系統必須採取向使用者收取月費的方式經營，而目前國內健保制度並不給付遠距居家照護服務費用，直接前往醫院看診相對來說仍然比較便宜，消費者較無動機額外花錢訂購遠距居家照護服務。事實上如何建立收費機制，定期向使用者收取月費，也是許多遠距居家照護系統經營時所面臨的難題。

此外居家健康照護服務機構是否能取得使用者信任，包括居家照護服務機構是否能保證使用者資料之安全性、維護使用者隱私，以及服務是否能永續經營等，使用者因而願意將居家健康監測資料長期傳送至居家健康照護服務機構的集中式資料庫儲存、處理，也需做進一步探討。

遠距居家照護系統以設備面與資通訊架構來看已經是相當成熟的技術，然而以目前國內提供個人緊急救援服務的規模來看，依據政府統計資料，至2007年底共有48,670位列冊需要關懷的獨居老人，這些獨居老人可說是最需要且最適合申請PERS的對象，其中符合福利單位全額補助的安裝人數共有4,320人（內政部統計資訊服務網，2008），依據與國內供應PERS三個主要廠商的接觸經驗，除了申裝台灣康舒妥PERS系統多為自費民眾，另兩家業者的

裝設對象幾乎都是由福利單位全額補助，自費人數相當稀少，依每月1,500元服務費用估算，每年營業總額約爲一億元，規模還非常小。綜觀目前國內仍然沒有一個商業上成功的系統，究其原因主要爲典型的遠距居家照護系統規模龐大，牽涉到許多不同的產業，整合上十分複雜，且所需基礎建設投資龐大，成本往往較高而較缺乏商品化的彈性。這些遠距居家照護系統除了動輒上萬元的硬體費用外，使用者還必須負擔每月數百到數千元的費用訂購相關服務，花費甚至高於直接看醫生所需的費用，因此除非有強烈需求，目前爲止還無法爲一般使用者廣泛接受。

　　此外從隱私面來看，所謂居家健康照護服務機構是否能取得消費者信任，願意將居家健康監測資料長期傳送至居家健康照護服務機構，也是一個需要考慮的問題。從技術面來看，監測資料產生的地方（居家環境中的感測器）到監測資料儲存的地方（集中式資料庫）路徑很長，過程之中可能產生不穩定或出錯的地方非常多，例如若在過程中對外網際網路連線中斷，將發生整體監測系統停擺的風險，集中式資料庫內儲存健康資料的完整性維持不易，資料庫本身更需要專人維護，這也是使用者必須負擔月費的主要原因。

參考文獻

一、中文部分

中興保全（2008）。網址：MiniBond, http://www.minibond.tw

內政部統計處（2008）。《我國生命表》。http://www.moi.gov.tw/stat/life.aspx

內政部統計資訊服務網（2008）。《主要國家65歲以上人口占總人口百分比》。網址：http://www.moi.gov.tw/stat/national.aspx.

內政部統計資訊服務網（2008）。《主要國家老化指數(%)》。網址：http://www.moi.gov.tw/stat/national.aspx.

內政部統計資訊服務網（2008）。《獨居老人人數及服務概況》。網址：

台灣康舒安公司（2008）。網址：http://www.tunstall.com.tw/

台灣普吉帝（2008）。隨身導護網址：http://www.sysfeather.com/

行政院衛生署（2008）。《行政院衛生署死因結果統計分析》。網址：http://www.doh.gov.tw/CHT2006/DM/DM2_2.aspx?class_no=440&level_no=1

明展生醫（2008）。《即時生理監控系統》。網址：http://www.aescutechnology.com/

英業達（2008）。《Dr.eye Health健康軟體》。網址：http://www.dreye-health.com/

真茂科技（2008）。《遠距照護服務》。網址：http://www.netown.net.tw

富士通（2008）。《遠距醫療照護服務》。網址：http://www.fujitsu.com/tw/

網遠科技（2008）。《銀髮族遠距居家照護系統》。網址：http://www.farnet.com.tw/

遠雄建設（2008）。《遠距健康照護示範社區》。網址：http://www.housegogo.com.tw/

蔡佳琪（2002）。《國中生自我認同與生活適應相關之研究──以彰化縣員林國中為例》。私立中國文化大學兒童福利研究所碩士論文。

謝登旺、陳芬苓，(2005)，〈老人福利需求調查與政策意涵──以桃園

縣為例〉，《社區發展》第110期，頁314-320，2005年6月。

二、英文部分

American Telemedicine Association, ATA, http://www.atmeda.org/

Celler Branko G, Lovell Nigel H, Basilakis Jim, et al. (2003). *Using information technology to improve the management of chronic disease*, Med J Aust; Vol. 179, pp. 242-246.

Food and Drug Administration, FDA, http://www.fda.gov/cdrh/telemed.html

Gunther Eysenbach (2001). *What is e-health?*, Journal of medical internet research, Vol. 3, No. 2, e20.

Health Hero Network, Inc., Health Buddy System, http://www.healthhero. com/

International Activities in Tele-homecare (1998). *Office of Health and Information Highway*, Canada.

Kenneth, B., Daniel, B., & Mark, L. (2000). Clinical Investigation - *Nursing Assistants Detect Behavior Changes in Nursing Home Residents That Precede Acute Illness: Development and Validation of an Illness Warning Instrument, Journal of the American Geriatrics Society*, Vol. 48, No. 9, pp. 1086-1091.

Marcia, J. (1980). Identity in adolescence. In J. Adelson（Eds.），*Handbook of adolescent psychology*. NY: Wiley.

MediCompass, Personal Health Record, http://www.medicompass.com/

Pat Burn(2001), Telehealth or telehype? *Some Observations and Thoughts on the Current Status and Future of Telehealth, Journal of healthcare information management*, Vol. 13, No.14, pp.1-10.

Philips Lifeline Service, http://www.lifelinesys.com/

Suzanne, M.D., & Robert, B. (1997). Do behavior changes herald physical illness in adults with mental retardation?, *Community Mental Health Journal*, Vol. 33, No. 2, pp. 85-97.

Teasdale, T. A., & Roush, R. E. (2001). *Preception of Safety with and without a Personal System (PRS)*, Symposium presentation at the 54th annual meeting of the gerontological society of America, Chicago, Illinois.

Tunstall, http://www.tunstall.co.uk/

第三章
高齡者使用智慧型
機器人輪椅需求評估之探討

陳燕禎　元智大學社會暨政策科學學系所副教授

第一節　前言

　　人口結構的高齡化、疾病型態、家庭結構的改變和生活品質的改善，都是影響先進國家老人照顧發展的因素。故為配合環境的變遷，以及醫療科技的進步，設計生活輔具來協助高齡者，已成為現今工業界研究重點之一。行動能力的喪失向來是高齡者最擔心的事，也是老年人最常見的失能問題，如果能及早認識失能者的行動是引發喪失社會互動需求的主要因素，就可減少高齡者照顧問題，讓行動雖然不便，但意識清楚的高齡者，也能因「智慧型機器人輪椅」的研發而能輕鬆過日子。

　　聯合國於1991年通過「聯合國高齡者綱領」，制訂「獨立、參與、照顧、自我實現、尊嚴」五個要領，做為實施高齡者照顧服務之目標，希望每一個高齡者都能擁有一個有品質的晚年生活，而研發高齡者科技輔具產品將能造福更多長者，給予照顧者更多支持與協助，進而促進健康家庭。應用科技介入高齡者照顧生活，它同時具有多方受益的效果，國家以政策制度來改善國民的健康照顧，是國家對個體生命的尊重（Frenk, 1994）。近年來，英國也運用「科技」改善高齡者的生活品質，組成照顧團隊夥伴，增進健康照顧的效率，並發展成國際化的照顧模式（Peet, 1991）。Robin（2000）表示落實「在社區照顧」（care in the community）之目標，以「科技」為核心將會有正式部門照顧者、非正式部門照顧者及使用者三方受惠，產生「三合一」的社會效益。故在此方向之下，研發設計一部智慧型且多功能機器人輪椅，將能讓意識清楚但行動不便的高齡者，不管住在機構或住在家裏，都可以藉由輪椅的安全輕便移動，發揮心理、社會互動之功能。社會工作者在照顧產

業系統向來扮演建構供需溝通平台，需扮演評估（evaluation）、連結（linking）和倡導者（advocate），尤其評估角色的目的在於瞭解服務的成效，視其是否達到預期成果，作爲未來訂定服務計畫的參考，讓高齡者獲得更人性和便利的服務輸送。故本研究旨在探討評析高齡需求者使用機器人輪椅之定義與功能，並針對當前輪椅使用之障礙和常發生之意外問題進行探討，確定使用者需求功能之指標，建構需求者與供給者互動溝通之平台，提供科技研發者依需求者之願望，研發最適合人性之科技輪椅功能，增加高齡者生活模式的選擇。

第二節　高齡者使用輪椅需求之探討

　　內政部統計處資料顯示，2008年底的人口結構分析，65歲以上的老年人口數爲240萬2,220人，佔總人口的10.43%（內政部統計處，2009），預估2027年老年人口將占總人口的20.04%，比原先政府推估的數據還要來得高、來得快（內政部統計處，2008），見（**圖3-1**）。依據OECD（1999）國家所做人口老化之報告，預估2030年65歲以上的老年人中，「80歲以上」者將占最高比例（李奇愛、彭德明、李少珍譯，2005）。根據內政部2005年進行的「台灣地區老人生活狀況調查」資料顯示，老人患有慢性疾病佔65.20%（內政部統計處，2006）。國內領有身心障礙手冊至2008年底已達1,040,585人，佔總人口比率已達4.52%。各年齡層之身心障礙人口占各該年齡層總人口之比率與年齡呈正比，其中65歲以上身心障礙比率達15.82%，共有379,986人，占總人口數1.7%（內政部統計處，2008c，2008d）。這些數據都已證明高齡者照顧需求的迫切性，尤其虛弱的、失能的高齡人口群將快速攀升，

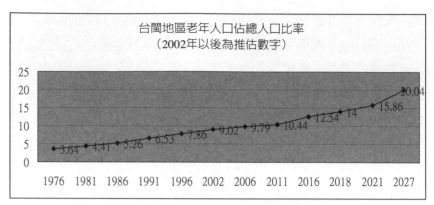

圖3-1　台閩地區老年人口佔總人口比率

1.資料來源：內政部統計處（2008）

2.統計期間：1975年1月1日推估至2027年12月31

　　老人照顧需求和人力負荷自然隨之而來，照顧服務模式也隨之改變（Chen,2007）。因此，如何強化「成功老化」和提倡「自我照顧」觀點，已開始在社會大眾心中萌芽，而且戰後嬰兒潮也將邁入老年期，因此藉助科技輔具介入日常生活是相當迫切的課題。

　　大多數失能老人都隱藏於社區、家庭，而且都是正式照顧系統的家庭所提供照顧。他們的照顧壓力和負擔是一般人難以想像的，中國古諺曾云：「久病床前無孝子」，子女因長期照顧失能父母，不但身心健康亮起紅燈，過著「與世隔絕」的生活，甚至罹患嚴重憂鬱症（陳燕禎，2005；Chen,2004）。台灣NPO團體於2007年針對全國家庭照顧壓力和福利服務使用情形之調查結果，家庭照顧者每天照顧時數約13.5小時，比一般上班族的8小時高出50%，夜間還要隨時起床警戒，無休假又無收入；67%的家庭照顧者希望能「放鬆與休息」，44.3%希望家人給予肯定與支持，而家庭照顧者最沮喪的依序是失去自己原有的生活占57.9%，事業與照顧難以兼顧占43.9%，經濟陷入困境占41.54%，社會資源不方便利用占26.8%（中華民國家庭照顧者關懷總會，2007）。就此，我國也因

應開放外籍看護，但這些外籍看護也因無法獲得喘息而走上街頭，表示他們不是照顧者「機器人」，可見照顧者壓力之重，是一般人難以想像的，故若能研發一部兼顧「人性」與「科技」的智慧型機器人輪椅是照顧者的迫切期待。

輔具的研發、生產、補助與服務等資源整合，近年來已成為高齡化社會的重要議題，更是我國成為先進國家的重要指標（葉宗青，1999）。尤其研發適當的醫療復健及輔具的使用，將讓許多的身心障礙者在生活上達到更獨立自主的境界（吳金花、陳姿秀，1996）。而老人福祉科技（gerontechnology）興起，Bouma 和 Graafinans（1992）提出老人福祉科技的研究架構為：老人福祉科技概要（overview on gerontechnology）行動力（mobility）、運輸和機動能力（transport and motor performance）、通訊（communications）、資訊處理和認知能力（information professing and cognitive performance ）、住家（housing）、居家健康照顧科技（home heath care technology ）（引自徐業良，2008）。Demers 等人（2002）認為輔具滿意度的主要概念，必須涵蓋輔具的結構與標準，並分為輔具及服務兩個主要面向，輔具面向必須考量：舒適（comfort）、尺寸（dimensions）、簡易使用（simplicity of use）、效益（effectiveness）、耐用（durability）、裝置（adjustment）、安全（safety）與重量（weight）等八項，至於服務面向需包括：服務輸送（service delivery）、維修服務（repairs/servicing）、後續追蹤（follow-up services）與專業服務（professional service）等四項（林秀芬等，2007；Demers et al., 2002）。

協助失能的輔具（assistive devices）是指產品經過個人化（individualized）製作或改造的成品，以提升其獨立生活或活動的能力，它可以是產品（products）、零件（parts）、儀器（equipment）和設施（layout）和溝通（communication）、互動

（interaction）的工具。輔具的功用針對高齡者或失能者因生理功能上的障礙和生活需求，藉由輔具的協助，提昇、維持或增強其生理功能，進而提高其獨立生活的能力，減輕社會的成本，而且只要是人，都有可能會成為身心障礙的失能者，所以輔具的功能在於需結合「人性」、「環境」「科技」三位一體（如**圖3-2**），以形成自我獨立照顧的可能和功能。

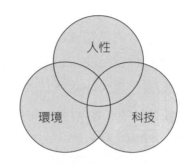

圖3-2　人性、環境、科技三位一體

研發科技服務產品成為老人照顧的供給介面，首先必須思考照顧兩個基礎問題：「誰的需求？」（who need?）和「誰的供給？」（who provide?）（陳燕禎，2008：40）的基本命題，有層次的思考和溝通互動，才能找出供給過程中的阻礙因素及優勢力量，並以「生活正常化」、「環境安全化」「照顧人性化」做為照顧內涵，才能符合社會期待。照顧服務方案的供需輸送架構之設計，概以「5A's」[1]做為重要評估指標（Moxley,1989）。「5As＋3」做為社區照顧服務輸送計畫之設計是否有效之重要原則，以及和產品設計供給和使用者之間連結效益的評估指標。5A's是

---

[1]5A's原則：服務提供的「可用性」（availability）、「充足性」（adequacy）、「適當性」（appropriate）、「可接受性」「（acceptability）和「可近性」（accessibility）（Moxley,1989）。

指：服務的可用性（availability）、可接受性（acceptability）、可近性（accessibility）、適當性（appropriate）、充足性（adequacy），「＋3」則指：可責性（accountability）、可負擔性（affordability）、品質性（quality）的供給原則（陳燕禎，2008）。陳惠姿（2004）也提出長期照顧需具有5Rs的原則提供服務：1.以合理的價格(right cost)；2.在合適的場所（right place）；3.由適當的服務者（right provider）；4.在適當的時段（right timing）；5.提供所需之服務（right level of services）。故設計適合失能高齡者在日常生活、行動和健康照護需求的多功能機器人輪椅，需從五個面向探討高齡者對科技輔助的需求（Coughlin,1999），歸納出本研究之設計主題「機器人輪椅」可能提供的功能，並進行需求評估：(1)終生的交通需求（lifelong transportation）；(2)健康的家庭（healthy home）；(3)個人通訊（personal communications）；(4)有生產力的空間（productive workplace）；(5)對照顧者的支持（support the caregivers）。研發設計智慧型照顧科技之關鍵技術概念，必須先就高齡者使用需求進行完整定義，再就「機器人輪椅」對高齡者提供的輔助功能和產品的市場定位，**圖3-3**為本研究需求評估之概念。

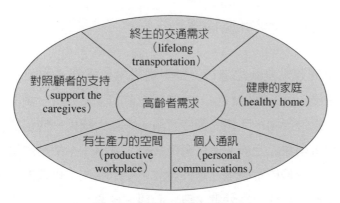

圖3-3　高齡者需求評估方向

第三節　研究方法與研究概念

一、研究方法

　　本研究進行先以文獻分析法進行次級資料全面行視和萃取，再以質化研究的焦點座談法進行深入性的討論與對話，以獲得參與者豐富的想法和深度資料。本研究為照顧科技研發之溝通橋樑，以焦點團體法針對研發機器人輪椅之需求與期待，進行需求評估，以提供相關研發設計之概念和關鍵。焦點團體法是近年來社會科學界較常使用的質化研究方法之一，透過小團體的互動討論，有效聚焦收集問題的核心，是深度性研究的重要資料收集方法。本研究焦點座談後48小時內將所錄音的內容，以電腦打成逐字稿的形式，並仔細閱讀這些原始資料進行分析，持續不斷的反覆思考、檢視、歸納，發現資料潛在的背後意義，並歸納建賦予概念性的類屬，以分析建構高齡者使用智慧型輪椅研發設計的需求功能。

二、研究樣本和研究倫理

　　本研究焦點座談之進行，針對提供坐輪椅老人的照顧者、產業界（機構）進行團體討論，並依照先前的文獻分析，制訂焦點座談大綱，以進行同一問題的深度討論。座談大綱為：使用機器人輪椅之高齡者對象之定義？使用輪椅最擔心之事件？使用輪椅之不便和障礙？使用輪椅常發生之意外事故？使用場域？以及對未來研發智慧型機器人輪椅對高齡者生理、心理、社會層面之需求？功能與

期待？對照顧者之協助需求和支持？購買價格或市場定位？推廣方式等？

　　焦點座談對象為照顧供給產業和第一線實際提供照顧之代表，他們為老人機構經營者、老人照顧之社工、醫師、護士、照顧者等，以同質身分更聚焦討論他們提供照顧過程中，使用輪椅實際面臨之問題、障礙和改善需求，並依照研究倫理事先徵求同意，簽下同意書，並對其發言進行匿名性保護等。焦點座談代表共計18人，這些焦點代表者服務年資都相當長，最少者也有5年，他們來自全省各地的機構負責人、主任、照顧協會理事長、老人基金會執行長、醫師、物理治療師、社會工作師、護理長、護士、照顧服務員等。樣本代碼SM01至SM12之男性；SF01至SF06為照顧產業代表之女性。樣本資料特性，見**表3-1**。

表3-1　焦點座談樣本資料特性

編號	單位	性別	職位	服務經歷	工作年資
SM01	長期照護中心	男	院長	養護中心負責人、照顧協會常務理事、理事長等	8年
SM02	養護中心	男	主任	養護中心主任、居家服務、CPR急救訓練指導員等	6年
SM03	長期照護中心	男	主任	養護中心員工、負責人、理事長照顧協會等	19年
SM04	長期照護中心	男	院長	養護中心負責人、員工等	42年
SM05	老人文康中心	男	主任	照顧協會董事、養護中心董事、主任等	10年
SM06	榮民之家	男	主任	主任、處長、主任秘書等	9年11月
SM07	養護中心	男	院長	醫師、主任等	12年8月
SM08	養護中心	男	院長	官方行政人員、養護中心員工、主任等	9年7月
SM09	養護中心	男	主任	代書、記者、養護中心主任、基金會董事長等	16年
SM10	長期照護中心	男	主任	社工員、貿易總經理、基金會執行長、養護中心主任等	5年

（續）表3-1　焦點座談樣本資料特性

編號	單位	性別	職位	服務經歷	工作年資
SM11	養護中心	男	主任	物理治療師、安養中心主任、養護中心主任等	19年
SM12	養護中心	男	主任	照顧服務員、主任等	10年
SF01	人力資源發展部	女	專員	護士、護理行政人員、護理長、人力資源管理	28年6月
SF02	護理部	女	主任	護士、護理長、護理之家主任等	29年
SF03	衛生所	女	主任	護士、護理長、衛生所主任等	30年
SF04	教養院	女	院長	社工、教養院院長、基金會董事等	15年
SF05	養護中心	女	社工員	社會工作員、社會工作師、督導員等	7年
SF06	護理之家	女	護理長	護理師、副護理長、護理長、護理之家負責人等	12年5月

三、研究概念

　　本研究就智慧型機器人輪椅之評估對象、查核點和評估項目，先以照顧者、供給者聚焦討論照顧時所使用輪椅之障礙、改善需求和功能期待，並以使用需求層面和環境需求層面進行評量剖析為主，以提供科技部門進行研發和試驗。圖3-4為本研究針對照顧者探討對智慧機器人輪椅之使用需求評估概念。

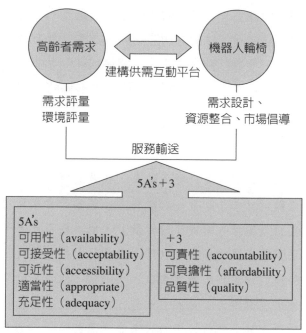

圖3-4 高齡者需求與智慧機器人輪椅使用互動之評估

第四節 高齡者輪椅使用之供需評量

輪椅使用之需求評估資料分析將分兩個構面：一是個需求評量層面，另一是環境需求評量層面。本節就焦點座談資料分析如下：

一、需求評量層面

(一)重視輪椅坐墊材質，以避免變成「輪椅形」和產生壓瘡

一部輪椅應該提供多功能和人性設計，是大家所期待，尤其

當設計能減少照顧者的工作負荷或是家庭照顧壓力，是重要的一個期待。輪椅的功能除了移動的功能之外，還希望具有健康照護管理的功能，進而有社會互動的功能，如娛樂和休閒功能。期待的功能很多，但SM04在它的機構是盡量不給老人坐輪椅，因為坐輪椅坐久了以後，膝關節會硬型化，坐久就變形，變成「輪椅形」。他說：

「依我從事這個行業這麼久以來，我是盡量不給老人坐輪椅，因為坐輪椅坐久了以後，人的膝蓋，膝關節會硬型化，閩南話說：坐久就變形，變成「輪椅形」，他就站不起來，所以，我自己用那個小孩的學步車原理，自己設計把它擴大、放大，把老人給坐在裡面，給他到處跑。第一個，永遠不會跌倒；第二個，他的空間很大；第三個就是，如果說這一部輪椅能真正的實施的話，對於脊椎損傷的人來說，真的是一個福音，因為它裡面的功能很多，脊椎損傷並不是說全身癱瘓，他有的只是腳肢障而已，手都可以控制，所以人們就會說：「什麼樣的東西給什麼人用」……。但這部輪椅如果到我的機構來，可能派不上用場的，因為我們機構，大部分都是風燭殘年的、長期臥床重度失能者，差不多是不能動彈的，說話也不會說，手也無法動彈，什麼都不會，問他幾歲，他也不知道，那要怎樣去操縱這部機器？」（SM04）

「剛才前輩有講到坐輪椅是：『坐了就不會動。』輪椅的質料有很多不同，希望在輪椅設計功能，不管坐多久都不會有『壓瘡』的問題。」（SF06）

(二)坐輪椅高齡者需要意識清楚，有自我控制能力

至於坐在輪椅上的高齡者身心功能應該是什麼樣的人，才能夠操控這部機器？SM04表示，基本「意識」要清楚，如脊椎損傷者意識結構是清楚的；還有就是在家的，若是第一次中風者，通常還有意識，手腳還可以動，也還可以操作，但如果送到護理之家或長期照顧機構的高齡者，已完全是失能，意識不清，無法操控輪椅。因此，座談者認為若研發健康照護監視功能能模組化，像3C手機一般，具有專門監控的功能，能夠帶著走，能夠放在病床更適合，也才不會浪費資源。

> 「……，能夠操控這部機器的，基本意識要清楚，還有就是在家的、第一次中風的，他都還有意識，手腳還可以動。但如果送到機構來的，完全是重度失能者，就用不到。如果研發在輪椅上的血壓、血糖、呼吸、心跳這些監視功能，如果說這套監視功能能夠移到我們病床裡面，那就更好了。……，你弄在輪椅上面，倒不如給我們擺在病床上面，我們就可以監控得到，也不會產生很多照顧的糾紛。」（SM04）

焦點座談者SM07也表示，使用者本身若界定為「老人」，意識一定要清楚，還要有控制能力，設有控制中心，需要更關鍵性功能出現，而且操作越簡單越好，才能讓照顧者更便利和接納使用，他說：

> 「……，現在說的是未來輪椅，……，生命跡象的掌握往往是我們在照顧上比較不能做到很好，像老人血糖低時，有時候我們發覺時已經晚了，可能缺氧很久了，如果在輪椅上能夠配備上有測量脈搏、血壓、血糖、呼吸就好了，我曾碰到是坐到輪

椅上的老人，他的舌根往內卷不能呼吸，我們把舌根一拉出來他就好了，但若不注意往往兩分鐘就完蛋了，所以我們這一代老人家他的犧牲很大，他們要求不高，也沒很大享受，如果能控制輪椅、能好好利用輪椅，用one touch，叫他怎麼用怎麼做，跟養護中心的一個contral center幫忙，但如果叫他自己處理解決問題可能就不好了。那如果等我們老了，我們是不是身體功能跟現在老人一樣了，你學問再高，有帕金森氏症或老花出來後，你想像著要去用些機械性操作可能很困難，我想操作越簡單越好，能夠one touch和有個contral center來幫我們的忙。」（SM07）

(三)安全性是最重要的考量，再多休閒功能都無法取代

從資料結果顯示，幾乎所有參與座談者皆表示，安全性是最重要、最優先的考量，否則再多休閒功能都無意義。此外，安全性必須是設計能自我操作，而且在緊急事件發生時，具有連線119的功能。現在使用輪椅最大的擔心是「安全問題」，希望設計以老人「不要受到傷害」為前提，具有安全和連線的功能。SM02就表示：

「……，我覺得安全性還是最重要的考量，因為再多的休閒活動、再多的功能也不能去取代這個安全性。如果一個失智老人，……他突然從輪椅突然站起來，跌倒了，這也是一個安全性問題。所以，這個智慧型的輪椅它能不能就是說在發生這種情況的時候，就像SF03所說，直接連線到119去急救，或在機構使用的時候，能連線到護理站通知護理人員。就像老人機構或是一些醫療場所，……床頭邊都設有一個緊急按鈕鈴，可是

現在住在裡面的病患，包含老人、身心障礙者，發生緊急事情的時候，還不都是要靠家人或其他人去幫忙按這個東西。」（SM02）

(四)能夠輕便移動到社區或戶外，看陽光、空氣

從研究資料顯示，輪椅具有和外界互動的功能、如廁的功能，希望能輕便移動到社區或戶外，能夠看陽光、呼吸新鮮空氣。SM05說：

「我服侍老人有10年以上，一晃就60歲了，本來以為自己很健康，不過3個月以前，突然在自己浴室裡摔了一跤，脊髓壓迫性骨折斷了兩節，才真的體會到輪椅很重要，……。我跌倒的第二天，我在床上就會發慌，我需要看電視，但是電視沒辦法弄，我要打手機，手機現在按鍵也不行，真的很需要，最需要跟人家聯絡、關心。以前在養護中心看到那麼多長輩他們都一二十個人就看著一部電視，這是目前養護中心最大的缺陷，然後我希望這電視能符合我自己私人的需要，我也是養護中心（200床）的董事，我就看到一個老榮民佔著電視不放，其他人來看，他就會吵架，這就是休閒娛樂很重要。另外，摔倒了以後，最大的不方便就是如廁，家裡要到洗手間還要走一段距離，這是非常困難的。第三個就是我跌倒以後醫生說，很重要的一件事情當然就是要休息，但你不能一直躺在床上，你躺在床上時，以後非常快的就會有骨質疏鬆症的產生……。所以，第一個要趕快運動、活動，要有陽光、空氣，看到陽光很重要。」（SM05）

(五)改變老人機構「呆坐」輪椅的景象，需具有溝通「互動」功能

使用輪椅最大的障礙是什麼？如果這個障礙克服可以減少很多照顧者的壓力。Hagerty和Williams（1999）研究指出老人憂鬱和孤寂感與社會支持、社會網絡具有相關性，在機構中有64%的憂鬱個案出現孤寂感和社會支持的缺乏。我們也看到當機構老人坐上輪椅，只能等照顧人員有空才能過來跟你聊幾句話，所以老人長時間都是在輪椅上「枯坐、呆坐」，如等別人開電視給他看、等人推他去外面走走或是等志工帶活動，「呆坐」輪椅已成為老人機構常見的景象。所以，輪椅除了具輕便行動的功能，還需要具有溝通「互動」的功能。SF05就表示：

「……，其實我覺得做一個身心障礙的高齡者來講，如果要操作那麼多的功能是很複雜的，對於一個年紀大的人來講，它真的是不方便的。……基本上在設計的時候，我會想到具有『手機』的功能……，而我還覺得要有『市場區隔』。因為有一些人的功能是身心障礙者，需要的就是身心障礙的身體機能的部分，而且還要有可以購買的能力。……，剛剛大家也歸納出幾個很重要的基本功能，就是預警、安全、生理的、最基本的、普遍的部分，我覺得這個部分有沒有可能設計成智慧型管家在最基本第一個層次，就是放在安全的部分處理，而且需要這項的人是很普遍的，……。另外就是，如果有合併其他的需求，就再做一個具有休閒的或人際互動的功能部分。基本上我還是相信在機構和社區老人的需要是不一樣的，他們身心障礙的程度不一樣，需求的狀況也就非常不同。所以，我就想到『手機』，年輕人他可能都要用非常多功能的，可是，像我只需要

只要可以打、可以接就可以了，……。功能需要市場區隔，『價位』絕對會是一個很大的考量。」（SF05）

(六)考慮坐輪椅的姿態改變和移動的「便易性」，以減少依賴他人

SM06表示，智慧型輪椅除了生活照顧需求外，提供休閒、安全也很重要。另外在輪椅要坐下去、站起來，和輪椅移動位置上的難易度也都非常重要。而SF04也提到障礙者要移動坐上輪椅時的『便易性』要加以考慮，而且需設計自己本身能夠控制，不需依賴他人的協助處理。

「……看到我們榮民弟兄當年（民國38年）跟政府來台都還是20歲的年輕小夥子，現在已經83歲了，他們在生活上產生了困擾，由於身體上功能的衰退，產生生活照顧的需求。在行動上來說軍人的個性自尊心特別強，當他生活無法自理需要別人扶持，如影隨行跟在旁邊時，在心理上產生挫折感較一般人強烈，因此最近這幾年來，榮家一直在改善無障礙設施，提供生活輔具……，電動輪椅的經費多半都是由被照顧者自己購買的。我所感覺到的，智慧型輪椅除了生活照顧需求外，提供休閒、安全也很重要。另外，在輪椅要坐下去、站起來，和輪椅移動位置上的難易度都非常重要。」（SM06）

「……，有一個重點就是我們障礙者要移動到輪椅的『便易性』要考慮……。例如輪椅有兩邊的扶手，是不是另外一邊可以做控制的，可以隨時當他要使用的時候，扶手是可以放下來的、伸展的，但是要他自己本身能夠控制的。現在的輪椅如果說你的扶手要拿掉，是需要有協助者處理才有辦法做，這個部分可以同時考量。」（SF04）

(七)機器人輪椅應提供感應安全功能,透過數位跟外界互動

SF02在照顧失能長者方面很資深,他提到機器人輪椅應提供感應安全功能,如果偏癱的,不要滑落、要有光圈、不要跌倒等因素,也提到健康狀況不同,使用的需求會不同。許多功能都很需要,但就護理照護,居住在安養院的長者需強調日常生活的照顧,並且需視使用的對象因健康型態的不同,在功能和強度上應有不同。如一個肢體偏癱功能障礙者,因為他們坐輪椅時就很容易滑落,晚上時,長者的意識功能要清楚,否則如廁時很容易跌倒,所以機器人必須能感應使用者要下床,協助如廁動作,注意安全性。此外,輪椅功能能透過數位電視跟外界要求互動,也可以和街坊鄰居溝通。至於健康狀態的偵測可以把訊息傳給家庭醫師,以掌握使用者的身體健康狀況。他說:

「……研發智慧型的一個輪椅,對老人的照顧是一個很大的福音,剛剛提到的功能,我覺得都很需要,但以我們照護上來說,是不是要具備一個這麼多的功能?第一個使用的對象會因健康型態的不同,而在功能上、強度上也會不同,比如說因一時受傷,某一部分的需求功能特別嚴重,像如廁移位或者跟外面互動的需求,但是對於一個肢體偏癱功能障礙的部分,可能在照顧的需求在安全的上面就特別有所需求。以肢體偏癱來說,坐輪椅時,可能會很容易滑落,在這部分我就會重視他的安全。晚上時,第一他的意識功能要清楚的,長輩要如廁,因他們在如廁時很容易跌倒,所以我是不是能夠去用什麼樣的動作去讓機器人感應到我要下床了,能夠到我床邊協助我,因他們在起來時第一因視覺上他們要調整視覺光圈,第二有可能低血壓,所以,安全上是很重要的,它能夠感應到,我想要如

廁，我們夠touch到它，能夠感應，注意到我安全性，協助我做如廁動作。機器人可能因為需求者他的健康狀態不同在功能上也不同，比如說一個還健康或者一個慢性病患，可能肢體功能的退化而已。我比較強調輪椅功能是我能與外界要有很好互動，可以透過數位電視或跟我親人的溝通或街坊鄰居的溝通。另外，對於一些健康狀態的偵測也很重要，我可以把一些訊息給我的家庭醫師，他就能夠知道我的身體健康狀況。總之，我比較強調在安養院日常生活的照顧部分。」（SF02）

(八)需有「預防性」設計概念，具警示危險和提示尿濕功能

研究資料顯示，具有警示危險功能和尿濕表達功能很重要。就警示危險功能而言，例如電動代步車，後面沒有照後鏡，有些老人會開上公路，所以相當危險。此外，電動代步車被視為是失能老人或行動障礙者在使用的，所以即使有些高齡長者有所需要藉此出外互動或購物，但害怕被標籤，所以即使子孫購買也不願意使用，所以 新時代機器人輪椅的「命名」很重要，從本研究資料顯示，大家已經有一個共識，暫時稱做「智慧型管家」。希望的功能有：提示功能，及保護性、安全性的考慮，才能在高齡者無恐懼，家屬能放心之下走出來。提示功能包括尿布濕了、坐太久壓瘡問題就會出現，所以要有「預防性」的概念，若是社區場域使用，還要可以「連線」，讓高齡者到社區去也可以跟家人連線，一旦有緊急狀況也可以有警示系統，並即刻連線傳輸到控制中心。SM09表示，有些需求功能，老人本身自己已經研發，並申請專利，因此可以結合現有資源，共同開發市場。SM09就說：

「……有關尿布、尿濕，還有預防跌倒，我想到我們院裡有一位先生就發明了一種尿布，當尿布濕到一個程度，就會有一個

警示，發出一個小聲音，家人在照顧的時候也可以看得到，如果我們有興趣可以跟他結合，……。還有，他在他輪椅上面也設計了一個小小的監視器，他家人帶著那台小小的電視，不管去哪裡都看得到他有沒有發生意外或什麼事情。如果在這一台輪椅還要設計外出的感應，他一定要穿外褲，……，所以可能困難度比較高。本來我打算跟他結合去開發這個市場，後來想一想，機構普遍使用的成本太高、太貴，而且它已經有專利，好像也有被電視報導……。」（SM09）

「……，我們主要照顧是多重障礙的身心障礙者，從照顧者的一個心態來看，這部輪椅除了可以做所謂的移動性之外，有沒有辦法去提示照顧者他現在『尿濕』了。因為我們照顧都很重度的身障者，往往會有『褥瘡』，可能真的他坐在輪椅的時間太久了，但他自己本身又沒有辦法去表達，所以在他的坐墊去加強這一個部分。……很多的老人或是失能者，在照顧者很忙的時候是沒有辦法去注意，需要有一個感應或是『聲控』來表達我現在需要換尿布了。」（SF04）

(九)「智慧型管家」的名稱，感覺很獨立、有尊嚴

若將新一代研發的輪椅的名稱叫做智慧型管家聽起來感覺就很獨立、很有尊嚴。SM05提到現在輪椅只是簡單移動功能，從這一邊移到洗澡間、移到客廳，之後又把他抱下來，坐在哪裡，現在大部分操作功能都是這些。但如果他是一個居家型的老人，他不是住在安養院，他住在家裡，他希望可以獨立去參加社區活動時，希望輪椅的安全、健康維護、照顧、復健、互動溝通功能都可以具體的出現。

「我覺得將來我們要設計的是一個『照顧機器人』，輪椅只是

他行動的一個樣子，剛剛大家討論的結果也是我心中所期望的，因為再過10年我也是老年人，所以它應該是一個照顧機器人，輪椅只是他行動的一個非常小、非常小的一個地方，當然癱在床上時候就需要另外一個照顧方法。如果這個輪椅它能變成一個『管家』，你要出去的時候，你就坐在上面，它就幫你安排，它可以跟你家人聯絡，也可以把它變成一個照顧者、一個機器人……。如果這個機器人輪椅是一個管家，那坐在上面就是非常有『榮譽感』，但如果你變成一個輪椅，它就是現在這個樣子，其實輪椅只是它裡面的一個小部分，是行動的部分，所以這個名字是不是改一下叫它『智慧型管家』，這可能比叫輪椅還好。」（SM05）

(十)能夠輸入老人基本資料和作息，並具有主動提醒功能

SF02希望老人的基本資料可以輸入，他人也可以協助去判斷，甚至具有「主動提示」功能，提示一天的作息、服藥的情形和社區的活動等功能，所以，必須把它『人性化』，跟社區有好的互動。所以智慧型輪椅的設計開發，必須朝向注重整體的質感，讓所有人的眼光都不覺得它是一個標籤，不會覺得坐輪椅是一個失能的標籤或無用者的感覺。SF02說：

「……，就設計一個智慧型管家而言，必須把它『人性化』，跟社區有好的互動，也就是說，第一個要把我們所照顧的老人的基本屬性能夠輸入晶片裡面，譬如說，老人家最常見的就是忘記服藥，多半有慢性病的他會忘記服用藥物……。所以，可以把他一天的生活作息，包括休閒娛樂、進食時間，跟社區互動，……社區裡面，每週、每天，社區關懷照顧據點或者是健

康活力站輸入到晶片裡面。我們可以去設計長輩他們需要的，今天有什麼活動、幾點要進餐、幾點要服用藥物，都能夠『主動提示』。舉凡它的透氣性、安全性、或者是說這個輪椅比較人性化，不要讓長輩覺得我是有障礙的，……這樣這個輪椅也可以符合機構型的需求，而在智慧型的管家部分可以代替它跟社區互動的強化。」（SF02）

(十一)需紓解照顧者工作負荷需求，並依需求做「層次性」分類

設計必須依協助機構照顧者的需求紓解功能為主，依需求的「層次性」分類，如以簡單型的生活起居照顧協助，再到休閒娛樂的功能發展，依照當前機構和居家老人的基本需要為設計重點，如協助起床、吃飯、洗澡等人力不足，也是機構最忙碌、最迫切需要協助的地方。因此需就一般失能老人的需求做定位發展，而失智老人的需求和功能再另外考慮，設計能以「普遍化機型」為考慮是相當重要的。至於失智者的需求是屬於另一個專業區塊，需進一步探討。SM05說：

「……這個智慧型的管家，它一定是要商業化、普遍化，要針對的大部分的使用者，失智跟臥床，我們就先暫時放在一邊。針對老人在機構或是居家的話，普遍最重要就是『起床』的時候，在機構，一個照顧者人力是一比八，最常發生需要的就是早上起床的時候，非常的忙，要洗臉、刷牙，這是機構早上最忙的時候，……，第二個就是『吃飯』，吃飯的時候也是忙的一蹋糊塗，再過來才是『洗澡』，洗澡通常有的機構是兩天一次或三天一次，所以洗澡就比較其次了。這些忙完以後，很多機構都同樣發生一個問題，很多老年人都是『空坐』在那個地

方，看著電視，很多機構，一二十個人看著一部電視，老實說，要是這樣讓我住機構，我會『非常恐慌』的。……如果要使用狀況普遍大眾化的話，先設計一個簡單的型，就是照顧他們起床的時候，吃飯、洗臉、刷牙、吃飯、休閒娛樂，……，如果每一個人都有一部這樣功能的『輪椅』，只要照顧者把他扶在輪椅的時候，這個智慧型管家，就會帶他洗臉、刷牙、吃飯、休閒娛樂、復健，這是一個『普遍型』就可以了，……普遍化的機型是很重要的。如果失智老人要用的話，那就需要更深了。」（SM05）

(十二)將需求「配備」視為選項，讓使用者具有「尊榮感」

除安全性、成本性、購買的可負荷性外，品質也相當重要。它的功能保證要好用、易用、耐用，又不易故障，不怕操等等，經座談者一番討論，坐在輪椅上的高齡者重量平均是五十公斤，所以其承受力必須考慮此重量範圍。而SM08希望要新一代的輪椅，要注意重量和體積，必須比現在的輪椅更輕巧，外形上的色彩必須艷麗，讓使用者具有「尊榮感」，而且可將「配備」視為選項，就如同汽車一般，依配備的選擇區分價格。SM08他說：

「……，目前使用輪椅的，最覺得困擾的是『重量』跟『體積』。新一代的我們要叫「智慧型的管家」的話，是不是可以在外型上能夠更『輕巧』，色彩要很『艷麗』，有一種『尊榮感覺』。當然，『費用』是大家普遍都有的認知……。因為使用者的情況不一定完全一樣，把他分成：『陽春型』、『豪華型』、『尊貴型』，就跟汽車一樣嘛!像陽春型的，也許是一千五的車子，是四十幾萬，想要裝到配備齊全的話(台語)，

可能到六十幾萬(台語)，把『配備』變成一個選項。再來就是，有沒有可能透過『政策』，爭取像健保給付的這個部分，這是以後立法的問題……。」（SM08）

(十三)從健康需求的角度切入，依「功能」分為三個層次

SF01表示當以價格為優先選項時，他表示會從健康需求的角度切入，針對部分失能的老人他會鼓勵「自我照護」行動。並且輪椅設計需依「功能」分為三個層次：第一個「功能」跟「尊嚴」列在第一個優先，再來是「給付的功能和條件，最後才是醫療」復健的功能需求。SF01表示：

「……因為我本身也是護理背景出身，價格的區隔、市場的定位，有兩個層面：一個是從需求面看，一個是從價格面來看。假設能夠有這個有產銷管理領域的專業背景的人來參與的話，我相信這會在我們事後的成果上更符合，基本上，從健康的角度來看，若是部分失能的人，我是鼓勵他『自我照護』，…這對他的健康是比較有幫助的。我們這個產品，我自己大概有三個層次的選擇，就是第一個我會從『功能』跟它符合所謂的『尊嚴』的層次列在第一個優先，但價格上，還是一個非常先決的一個選擇條件。再來是『給付的功能和條件』，包括說可以很快的打電話，或者是看電視、開電燈，這個我會擺在第二順位，再來才是『醫療』，包括能不能監測血壓、血糖等功能。基本上要增加這麼多的功能的時候，它的價格應該會是最高的層級。」（SF01）

(十四)坐上輪椅需有「舒適性」，且有健康和復健效果

　　焦點座談代表表示智慧型管家就是要具有「舒適性」，讓長者坐在上面能夠感覺很舒服，沒有壓迫性。目前很多老人家不願意坐在輪椅上，除坐姿、擺位本身的問題外，就是坐墊太硬，覺得不舒服，所以，舒適性是很重要的一個問題，而坐輪椅者大多需要復健，要具有復健功能設計。此外，希望具有掌控偵測血壓和處置的功能，在老人機構裏，需要具有專門照顧經理人和照顧管理中心。

　　「……基本上，我覺得這個智慧型管家，它本身就是要能夠有『舒適性』，讓長者坐在上面能夠感覺很舒服，不要有壓迫性。另外坐的本身，那個坐墊，太硬了，不舒服，在擺位上，要擺好，所以舒適性是很重要的一個問題。另外，我希望在照護性上具有偵測血壓的設定，這項偵測的時候，可以在血壓高、血壓低的時候有自動的掌控要做一個『處置』，……。」（SM11）

　　「現在大家經濟考量之下，大部分都採買一些普通的材料，之後再加買一個防褥瘡的一個墊子，所以設計的時候也考量坐多久它不會讓他有這個壓瘡的憂慮，甚至它是一個機器，它可以提醒他說：「你現在可以起來了，不要再坐了。」如果它是一個很好的智慧型的機器，我覺得應該具有一個『提醒』的功能。」（SF06）

　　「……，坐輪椅的很多都是要復健，所以就是要有『復健功能』。很多人都是下半身或是半身癱瘓，都是要復健，是不是在輪椅的小周圍可以強調一些可以讓老人家做偏癱的一個復健功能。它是右偏癱就設計右邊復健、左偏癱設計左邊復健，或是依上半身、下半身或是全癱的復健設計，甚至可以在機器上

面主動幫他做復健，把雙腳抬高、雙腳放下，就是要有復健功能。」（SF06）

(十五)機器主要功能是提供身障者方便，希望能夠因人而異設計

焦點座談代表SM12則表示，機器主要的功能是給身障者的方便，因為每個身障者的身障部位不同，希望能夠因人而異設計，而且久坐之後的「舒適度」是很重要的問題，並且希望做到「復健效果」，機器本身就有「按摩」功能，此外，希望在機器上具有「收納功能」，具有攜帶物品的小設備，外出購物可以放置東西或茶水，才不會成為「乞丐輪椅」。SM12說：

「……，如果我們這部機器研發出來，應該是我們一般人都會想買來用。我覺得機器主要的功能，就是給身障者的一些方便。……，因為每個身障者的身障部位不同，……，希望能夠因人而異的去設計，還有坐了以後要舒適，『舒適度』是一個很重要的問題，而且希望能夠做到『復健效果』，譬如下半身不方便的，能夠有一種類似一種活動功能，機器本身就有一種『按摩』的功能，……還有我覺得智慧之外，能夠在機器上有某些的特殊設備，比如說他出去購物，能夠有一個給他放東西的地方，擺個小東西的地方，……，類似能夠有一種『攜帶物品』的小設備。」（SM12）

(十六)恢復人性的普遍需求，才具有「可及性」

有些傳統的東西蠻好用，好用又耐用、物超所值、物等所值，產業界都會放在這個功能探討。SM06從人性面角度表示看

法，認為科技來自於人性，恢復人性的普遍需求，就像Honda早期的『國民車』是每個國民都買得起的價位和功能提供，所以具有「可及性」極為重要。他說：

> 「……，我是從人性面角度來講，前不久我偶然之間看到discovery的一個節目，它介紹最炫的重機車排行榜，……，到第一名的時候，我就在期待，到底哪一部重機車會拿第一名…。結果出乎我的意料之外，是Honda早期那種『國民車』（喜美、civic），大概是三、四十年前那種，沒有離合器(台語：枯拉基)，三檔的那種車是第一名的，這就讓我想到，『恢復人性』。我們說，科技來自於人性，第一名竟然是那一種國民車，……。所以我認為，不管什麼人在使用的這些東西，這個價格上或功能上能夠讓人覺得『親切可及』的，這個觀念是很重要的。」（SM06）

(十七)人性化的「對話功能」可以克服坐輪椅的心理恐慌

需求面如何去提供，去設計，以及目前輪椅使用的困境，遇到障礙，最需要應該設計障礙克服和排除功能。SM05就說人性化的「對話功能」非常需要和重要，可以克服坐輪椅者的心理恐慌，因此「人性化」是成功的元素。他說：

> 「……這個人性化，按照我們現在的科技，應該是小小的智慧型『對話』，應該可以裝在輪椅裡面去，這個對話，將來還可以像MP3這麼一個小小的，就可以有那麼多的音樂，當然還有一些宗教信仰或者什麼的，這些都可以考慮在裡面。這個輪椅要能成功，還是在『人性化』，因為我在養護中心，或我這幾天受傷的經驗，在家裡真的是很慌張、很慌張，如果有人能跟

71

我conversation、對話的話，我是不會發慌的。……要把『人性化的對話』，加在這個機器上面真的很重要。」（SM05）

二、環境評量層面

(一)城鄉差異的需求設計很重要，是未來社會重要的生活必需品

城鄉差異的需求設計很重要，需要去創造它的需要性、需求性，希望銀髮族在未來的社會裡面，當每個人使用到這項發明(智慧型機器人輪椅)，都會覺得它變成一個重要的生活必需品、替代品。SM10說：

「……，我來自鄉下地方的老人照顧機構，因為鄉下地方真的是要求不多，我們是把老人當弱勢團體在照顧，照顧的取向以老人的需求為原則，而城鄉差距會造成市場的不一樣，在研究設計就不一樣，我希望設計能『普遍化』，針對比較弱勢、鄉下族群照顧老人的訴求去做設計。」（SM10）

(二)輪椅製作需按照使用者的身材、身高、體型和身體障礙狀況設計

SM08表示，輪椅需按照個人使用者的身材、身高、體型來製作，他用親眼所見之故事表示：

「……，有一次我到挪威去參觀他們政府直屬的一個輔具中心，我只有一個感覺，就是「嘆為觀止」，不但是按照他們個人使用者的身材、身高、體型來製作他們的輪椅，……我們也

去參觀一個老人機構身障機構的時候，也是嘆為觀止，他的輪椅就是所謂智慧型輪椅，大概六十歲左右的老太太坐在上面，她的居住單位有一個小的空間，生活機能都很齊全，她從外面進到她的房間裡面，她坐輪椅上就可以控制開門、開燈、再根據她的需要打開電視或是其他電器產品，這些需要都可以在她的輪椅上完成。另外一個例子是，有一個非常年輕的挪威女孩子，有一次騎馬摔傷，頸部以下全身癱瘓，後來她有一部輪椅，她可以用『下巴控制』前進、退後，這個女孩子有一次到台灣來，也是那一部輪椅陪著她，……讓我印象很深刻。」（SM08）

(三)輪椅設計需和日常生活需求做結合，並成爲小幫手

SF06因護理背景出身，她認爲輪椅需具深度功能性，具有警示性、提醒性和復健性三項功能，而且復健功能需依癱瘓、失能部分進行功能分化的設計。焦點座談代表大家都認同和強調「安全性需求」爲優先，現在的輪椅都是鐵做的，很危險，會摩擦，尤其是糖尿病患者，因爲末梢神經失去知覺，垂足的狀況之下，腳指頭就因磨擦而致使傷口不斷的腐爛。第二個就是坐太久有壓瘡，身體會變形，成爲輪椅型人。第三個，跌倒問題：老人上下輪椅的時候很容易跌倒，包括照顧者也爲了要抱他而一起跌倒，所以希望具有警示的功能，而且敏感度要足夠。此外，SF06提到必須與社區結合，就是高齡者的「社區生活」，老人要「在地終老」，生活要正常化，使用輪椅的失能高齡長者，坐了輪椅也可以在社區裡面移動自如，社區里設有照顧關懷據點，有任何的活動，他都可以坐著輪椅自己就能獨立的去參與，所以希望具有移動功能去接觸社區，輪椅變成一個「外出小幫手」，而且累的時候可以把輪椅張開、可以

躺，變成休息的長椅。此外，必須定義輪椅的新名稱，不要叫做輪
椅。SF06表示：

> 「因為我本身是護理背景出身的，這個機器人輪椅，如果說當
> 一個老人家他的控制都是清楚的，他自己可以去操縱這個電腦
> 的話，那是不是可以設計成是一個外出的『小幫手』。……現
> 在我們在馬路上可以看到很多操縱摩托車式的，老人家要去採
> 買東西的時候都騎那種摩托車。像日本的老人家，他們有一台
> 很可愛的採買車，老人家他可以坐，累的時候可以把它打開、
> 展開，當成是休息躺下來的椅子。這張輪椅如果是一個機械化
> 的小幫手，它可以帶著這個老人家去市場，去做正常、日常的
> 生活功能。第二是在護理照顧部分，希望它有能讓老人家感覺
> 比較有尊嚴，……，是不是有比較好的一個名稱，讓這個機器
> 比較『柔性』一點，比較『溫和』（soft）的一個名稱去形容
> 它。」（SF06）

(四)以輪子取代「腳」的功能，需考慮「無障礙空間」才能普遍使用

> 「……，像我們的路面，在室內跟室外，樓梯等等，你都要考
> 慮到，不要把這個產品弄出來的時候，使用方面不好，花很多
> 你們這個成本，…許多學者專家弄出來的都不實用，……，使
> 用者的經濟根本沒有辦法買，台灣現在經濟很壞，產生了很多
> 的問題，設計一個商品的時候，要讓無論有錢或貧窮都用得
> 到，這樣開發出來的東西，才可以普遍被使用。」（SM03）
> 「……一開始講的是輪椅，一直延伸到現在『智慧型管家』，
> 這個設計理念它是用輪椅的理念，以輪子去取代『行』的部

分，⋯⋯做這一個東西的時候，需要考慮到『無障礙空間』的問題。現在像高樓大廈裡面的家庭，如果輪椅進入浴室的時候它會不會去卡住，它在進入這一個房間、轉角的時候，它的門進得去還是進不去？它的大小問題、size問題，⋯⋯，需要很多功能的東西，整個累加起來，這個東西是一個很龐大的物體。在居家使用部分，要考慮它能不能在家裡很輕易的去使用，重點是它的體積的問題，體積越大，在家庭裡面要去用這樣東西，可能浴室進不去，浴室門口的台階可能高一點，它就卡住了，如果家庭買了這張輪椅又要去改建他的建築物，這是不可能的。」（SM02）

(五)考慮大環境的無障礙空間，設有感應危險和緊急求救連線的功能

SF04表示，因整個大環境缺少無障礙空間，所以要有一個感應，提示路上的危險性，亦即失能老人坐輪椅外出時，如何感應危險和感應連線控制非常重要。他說：

「我在身心障礙、失能老人居家服務的介入大概是第三年，我發現未來的老人真的很有福氣，因為科技是先進，可是需要重新去考量在社區有多少的人是可以去使用這套工具？再來，整個的大環境在這樣的一套工具出來的時候，是不是適合使用，因為整個大環境缺少無障礙空間，所以能有一個感應，對於當有一個障礙的時候，可以提示、警告。⋯⋯最近我發現很多社區的老人就使用電動代步車，但是當他們走出來的時候，他們並沒有意識到後面的車輛，所以當我們這部智慧型管家出來的時候，它很需要有一個『感應危險』，就是讓我們使用者很清楚後面是有危險的⋯⋯。還有必須想看看為什麼老人走不出

來？很重要問題就是『安全』，目前很多居家老人他走不出來，除了他的行動不方便之外，就是一個安全的考量。所以，這部智慧型的機器人它在社區行走的時候，它的一個聲控，或是感應，需要可以『感應連線』。……在家裡的時候，使用空間是固定，感應的部分是可以連線，但是走出社區的時候，有沒有辦法讓這部機器去發揮感應效果，這個部分也是要去考量。」（SF04）

(六)坐輪椅外出時，需具有防暴、防搶功能

若具有外出的功能則要具有防暴、防搶功能，讓坐輪椅的老人做一個超強老人。並且從IADL功能提升到EADL，有娛樂功能，這也是未來要研發的重點，還有「市場決定一切」，「市場創造需求」，所以市場需求區隔也需要考量。另外，機構與社區的照顧需求和照顧模式不同，在社區、居家的需求和在機構的需求差異大，護理之家都是臥床者，需要輪椅的市場不大，即使機構需要，也需視收容者的身心狀況做區隔，所以分類模式可以依照市場、依照需求、依照居家或社區進行區隔。所以這一個智慧型輪椅，它現在已經不是輪椅而已，叫它『智慧型管家』，它有「聲控」各種的功能。如果在娛樂或資訊社會互動場面可以提供更具體功能，讓老人坐在輪椅的時候，很快樂，很充實，有尊嚴，即使坐輪椅的老人，也不是一個「失能者」（disable），而是一個「使能者」（enabler），藉由機器人輪椅的功能把自我優勢（strength）復原力激發出來。

「……我覺得過去我們都只停留在生理照顧的部分，所以我覺得要把高齡者的IADL功能提高，…就是在社區裡面他可以開

著那個代步工具到社區去，而且我也覺得第一個要注意的還是
『安全』，因為我覺得現在壞人很多，去社區的時候，老人開
著電動代步車又很慢，我不知道有沒有什麼可能可以『防暴、
防搶』，因為以前我去訪視居家老人的時候，長輩們最害怕的
就是這個問題，他連在家裡面都覺得很不安全。」（SF05）

(七)設計必須有「配套措施」，結合遠距照護的系統化功能

焦點座談代表SM08表示，設計一個智慧型的管家，需針對不
同的需求，設計多元性的功能，以適應市場的需要，但個體需求和
使用單位需求有差異和限制，所以設計必須具有「配套措施」，例
如發展和結合遠距照護的規劃，使它具有系統化功能，適應不同照
顧類型的需求。

「……，設計一個智慧型的管家，基本上的操作還是有它的醫
療條件，一方面會有身體上的需求、心理上的需求；一方面也
要有適當的操控能力，但我們還是當作一個輔具來看待，那麼
針對不同的需求，可以設計出很多多元性的功能，適應市場的
需要，……，因為它有使用的限制，所以要有『配套措施』，
比如說這個老人家，甚至年輕人也是一樣，在車禍或是意外傷
害造成某些功能上的喪失，那麼必須要有病理上的身理上的心
理上的需求配套措施，……。例如發展遠距照護的規劃，我想
能把這兩者結合起來 讓它變成一個系統化，適應不同的社區
型、居家型，甚至於機構型的需要。」（SM08）

(八)商品要市場化，成本不能太高，要安全又好用

任何的商品如果要市場化，成本就不能太高，最重要的是安全又好使用，所以研發的產品，功能不能太多造成不會使用，尤其機械的操作，越簡單越好，功能少反而比較不會故障，所以設計以簡潔、易操作為原則，而且價位必須經濟，需要考慮使用者的經濟能力，才能普遍被使用，使用性和接受度才會高。SM03就說：

> 「……，我是LKK的，發明出來的東西可能是我要用的。任何的商品如果要市場化，『成本』不能太高（台語），最重要的是要安全、好使用，所以現在發明出來的東西，不能功能太多，像我沒學過電腦，最後會變成手機雖然功能很多，可是你不會使用。這個機械越簡單的操作，對每個人比較好，像以前偉士牌的摩托車，功能很少比較不會壞，像現在的電腦，有很多的功能，可是故障率就更多了，能夠簡潔、簡單的最好。」（SM03）

SM01也表示，輪椅的架構功能若要求太過完美化，將使成本提高，造成市場的「價位」問題，必須考量價位和機構經營者成本。他說：

> 「……剛剛大家把這部輪椅的架構，想太完美化囉，但問題是在『價位』上的問題……。就我們長期照護中心來講，就會礙於成本上的問題考慮要不要買…。這部輪椅架構太完美的話，相對的價位一定會提高，那使用者的自己能夠付費的有多少，價位上有多少人能夠接受。……就我們長期照顧這個區塊來講，用輪椅的幾乎差不多百分之八十幾以上都有，有事沒事，老人都是坐在輪椅上。……所以，研討的重點要考慮『成本』

的問題。」（SM01）

(九)設計做市場區隔，機器功能最好具有「衛星定位」

　　由於市場購買能力和價位的考慮，因此在設計上必須區分購買者和使用的功能需要做分類，以達到真正市場普遍化和功能最大化的最大經濟效果，而且機器功能最好具有「衛星定位」導航功能。SM04表示：

　　「……，一個很簡單的建議，我們把它的使用需求區分出來，好比說機構用的功能，社區用功能分別來討論。……而未來這部機器真的功能太好了，一定要申請『衛星定位』……。」（SM04）

(十)功能設計依使用場域分類，並讓消費者依需求做選擇

　　焦點座談者SM09希望設計功能針對使用場所分為兩類：一是社區型，一是機構型。第一是社區型，就是住在家裡的長者，他就可以很輕便的移動、容易放置輪椅，若外面的路上有一些高度差，也能夠輕易的跨越、突破障礙，若在擁擠的人群中具有警示效果，否則現在遇到路面的高度差就需依賴他人協助才能通行。當然，這在移動幅度、空間、範圍要多大，還需隨著考量蓄電量。第二是機構型，主要在於協助照顧者工作負荷，減少照顧者的職業傷害，如減少坐在輪椅上的熱度、熱氣和預防褥瘡的產生，並有簡單的復健功能。這兩個類型在設計若能確實區隔化，未來行銷或推廣到銀髮產業市場時，更能讓消費者依自己需求做選擇，但設計簡單、易操作是消費者選擇產品和市場普遍化的重點。SM09表示：

「……其實我自己也因意外坐在輪椅，坐了半年，深深體會到失能者的不方便。當然長輩的功能性在年紀越大、坐輪椅越久時，四肢會越退化，若要很多功能，有時候他還不會操作，而功能越多，售價一定越高，所以要分成兩部分來談：一部分是『剛開始坐輪椅者』，可以讓他跟要設計的多功能結合，可以到關懷據點參加活動或老人聚會，功能需要比較多一點，包括休閒等等。還有一種功能就是『機構型』，這種可能就比較簡單一點，因為機構型可能最主要就是『協助』，就是協助照顧人員能夠減低他們的職業傷害，最主要大概可以分為兩個協助功能：一個是『預防褥瘡』，一個是『簡單復健』，這樣比較實際一點，若要把整個機器想像的太理想化、複雜化，他們也不會操作。」（SM09）

(十一)去除社會給輪椅者的標籤，降低坐輪椅的潛藏風險

為什麼老人家會抗拒坐輪椅？因為當我看到一部輪椅的外觀時，會覺得落後感、陽春感，所以，輪椅設計必須獨立性功能、易操作、有中央的控制系統，有絕對安全性，甚至連用下巴都可以控制，甚至能到到台灣走透透，讓我們的長者坐上去後會很有尊嚴。尊嚴性的開發很重要，否則輪椅還是給人失能的一個標籤，坐上去就表示我從一個有用的人變成沒有用的人，所以，輪椅的設計外觀、形體性很重要，讓輪椅幫我們做出很多事情，而且功能和外觀理念可以結合。此外，許多坐輪椅的長者的腳大多沒有知覺，又加上糖尿病，所以，一旦被刮傷，就會產生傷口潰爛、難以癒合的麻煩。SF03就表示「輪椅腳踏墊常傷到人」以及「求救需求」，她說：

「……，我發現現在坊間有一些電動車它設計得很拉風、很漂亮，甚至還有帳篷的，或許可以考慮一下時尚感。另外，『求救功能』很重要，可以設計像是能夠跟119連線，……既然講智慧型，緊急電話應可以輸入到輪椅上面，例如求救家人，只要會按一下就可以了，一個老人家坐在輪椅上或者是殘障人士，你叫他打手機，要撥十個號碼，等他在打完他的手都在抖了，不可能發揮求救功能，所以可以把這些號碼設計代號，比如說一是家人；二是衛生署也好，醫院也好；三是119，我覺得求救功能是比較重要，因為既然坐在輪椅上的，基本的生理功能幾乎都是退化或是有障礙的。還有一個很重要的安全考量，我有一個護理長跟我講說：『腳踏墊常傷到人』。因為腳踏墊是不鏽鋼的比較多，也有塑膠的，既然是坐輪椅的，很多人都是下半身癱瘓，他的腳都已經沒有知覺了，他沒有辦法移動，幾乎抱起來後，他的兩隻腳就垂在那裡被拉著走，就常會被這個腳踏板傷到，因此我想在這個設計上是不是在動的時候，還是坐起來的時候，這個腳踏墊可以自動移開，這是在安全上的一個考量。還有因為我接觸到坐輪椅的人，幾乎都是被推的，若是智慧型的輪椅能夠由他自己來操控，設計智慧型的晶片在上面，能夠他一站起來，腳踏墊就會自動移開。」

（SF03）

(十二)機器敏感度範圍要大，同理心要很高，售後服務要好

科技之外，機器還要有情感、人性。歸納需求特性有：安全性、警示性、負荷性、專業性和品質而且希望它是能被普遍性的接受，包括價格上的可能負荷。同時，希望將機構跟社區、居家型的需求功能分開，以及依個人身心健康狀態分開。所以一部智慧型管

家輪椅，反應力、敏感度要夠，同理心要很高，保證性和售後服務要好，而且還需有一些宗教、精神和溝通互動的對話功能。

「……在照顧上，因為護理照顧是不准老人家跌倒，非常重視安全問題，剛才也有人講到『警示』的一個功能，但這個警示的功能範圍要多大、多小？我們既然要預防跌倒，就必須在他還沒有跌倒之前就有這個警示功能，不能說它一警示，然後馬上就跌倒，若沒有人在旁邊，他還是跌倒，所以我是希望這個警示功能的『敏感度』，在臨床實驗的時候，參與臨床實驗者要去加以探討這個警示功能範圍是要有多大，然後在有人陪伴或沒人陪伴之下，它的警告敏感度要去加強。」（SF06）

「……講到人化性，也要考慮一下人性化的『售後服務』。一般售後服務比較著重在技術層面、設備方面，由於它是提供長者、老人、身心不便的人使用的，因此我們可以提供宗教、心靈上的需求功能，配合遠距照護，提供心靈上的慰藉。」（SM06）

從本研究結果發現，研發設計一部智慧型的機器人輪椅首要將以人性、環境、科技三位一體為考量，缺一不可，而且必須重量輕，體積小，外型艷麗，不能是龐然大物，操作功能就如現在3C面板的手機，放在手邊就可以享有移動、資訊、娛樂、互動等功能。若設定在居家場域使用，移動功能需要注意居家空間和外出社會環境的路況障礙和安全，尤其進出家裏必須克服障礙，使用安全性第一，若要普遍性推廣和被接受，使用者的費用負荷性必須定位以「基礎型」為考慮，再依個人經濟能力升級的功能配備，如豪華型。產品研發必須市場區隔，或分為兩級化的價位設計，以滿足市場的多元需求。

第五節　智慧型管家的圖像與期待

　　高齡人口引起的問題是巨大的、震盪的，因此必須發展更精確的科技解決老化帶來的結果，尤其必須明確、清楚定義高齡者使用人口的定義，鎖定使用對象，才能克服排除長期照顧供需之困境，集中火力研發適切功能，提供社會照顧需求的優先順序。日本的機構式照顧資源之使用向來高於社區式之資源，但為了因應高齡社會老人長期照顧之需求，於2000年4月實施「長期照顧保險」，其中接受長期照顧之老人，已有62%使用居家式或社區式的長期照顧，只有38%失能老人使用機構式照顧（古治一好，2001）。故要將老人留在家中、社區，結合三個層次的功能：生理、心理和社會照顧需求，這是高齡者、照顧者的期待，也是國家減少財政支出的背後意義（見圖3-5）。

　　Stone（2000）將長期照顧研究放在對失能者輔具、環境之改造，認為輔具與環境在長期照顧工作具有必要且重要的社會支持功能。高齡化社會最令人擔心的是自己失能後，無人陪伴和必須依賴別人照顧的恐懼，所以，越來越多人規劃退休生活，希望降低退休後身體失能的風險。研發一部「照顧機器人」是大家的期待，當前的輪椅只不過取代「行動」一小部分，希望擴大其使用功能。所以，就現代照顧連續體的概念而言，協助失能者移動是一個非常小的功能，當癱瘓臥床時就需要更多的照顧提供，因此，如果把輪椅改良升級為「管家」的概念，把它變成一個照顧者，一坐在上面，它就能幫您安排和導航路線，跟家人聯絡，而且外型的改觀，會讓坐在上面的長者具有「尊榮感」，這些都是建構未來智慧型照顧輪椅管家的重要圖像，也是新一代、全方位輪椅研發設計的重要思

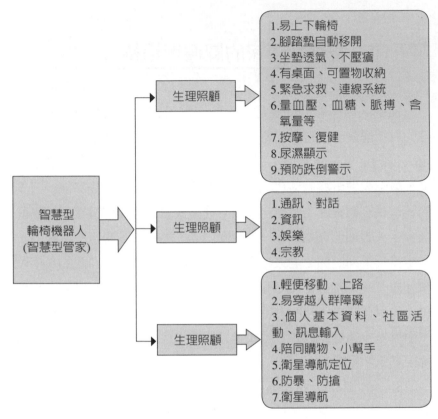

圖3-5　智慧型輪椅機器人(智慧型管家)結合照顧需求

資料來源：作者製作。

維。

　　有一篇文章曾寫道：有一個老太太，活到一百二十幾歲，有人就問他，妳活得這麼長，妳是不是有享受到長壽的樂趣？老太太回答：「長壽的樂趣不是活著，長壽的樂趣是妳在活著的過程中，可以做你想做的事情，可以很獨立的、很有尊嚴的活著，那才是長壽的樂趣」。所以，光是活著是沒有樂趣的，我們希望智慧型機器人輪椅的科技研發，帶來高齡化社會未來充滿樂趣的生活景像，協助失能的高齡者有獨立的、有尊嚴的活著，享受長壽的樂趣和美好

的晚年生活。**圖3-6**是研發智慧型輪椅機器人（智慧型管家）的需求功能的期待圖像，首先以「人性」為核心，科技為輔，並就現行使用輪椅的不便、障礙，以及對新功能之期待進行逐步研發，如獨立移動、健康管理、人因工程、資訊溝通、生產力市場等進行全方位的設計，達成銀髮市場的普遍性使用。而社會工作者在照顧產業系統向來扮演建構供需溝通平台，必須發揮橋樑功能，讓高齡者獲得更人性和便利的服務輸送。

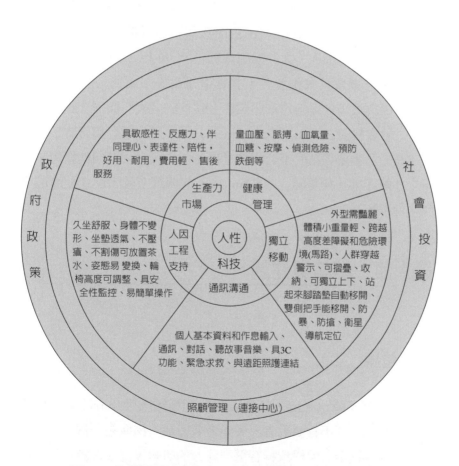

圖3-6　智慧型輪椅機器人（智慧型管家）功能期待圖像

資料來源：作者製作。

　　高齡者健康問題已關係整個家庭、社會和國家的發展，具有不可分割的「2C」概念，亦即從「cure」（治療）到「care」（照顧）是一個「連續體」。已開發國家對老人健康照顧所關心的是如何抑制成本的上揚；開發中國家則關心如何維持預算及提昇實現（health for all）的政策。高齡者的長期照顧更是迫在眉梢，以整體照顧模式而言，需以「人」為優先（people first），失能次之（disabled second），才能呈現長壽的生活品質。

　　老人生活照顧資源取決於國家社經發展和政策規範之結果（陳燕禎、林小圓，2008），目前我國對於長期照顧或銀髮產業市場未見太多的投入，尤其面對高齡化社會的人口壓力，政府以所謂的社區照顧政策做為解套，其實這是政府照顧責任的「撤退藉口」，因為最後還是淪為家庭照顧。當代的老人照顧需求的研發是屬於「社會投資」（social investment），也是一項社會資本，但它必須有更多重要環結的整合和溝通機制，從橫向到縱向的跨專業合作，才能建構「無縫隙」（seamless）的服務系統，促進社會的發展和進步。

第六節　結論與建議

一、結論

　　銀髮產業時代來臨，輪椅智慧化和科技人性化介入老人照顧系統，就是希望不論高齡者、失能者或照顧者都能在一個人力不足年代，透過機器人輪椅或稱智慧型管家的研發，促使高齡者恢復或維持身體功能的行動能力和健康照護，減少等待與孤立，並減輕照

顧者的壓力和負荷，獲得健康家庭生活，進而獲得市場的認同與接受，讓高齡者在長壽過程中，擁有活著的樂趣和尊嚴。一部人機介面的輪椅設計，就是將需求與科技的相互結合，尤其針對虛弱、失能的高齡者，更需要藉助人因設計，提供一個極簡易的自我照顧方式。從本研究結果發現，人類需求無限大，科技力量卻有限，且人類對科技輔具產品的購買和選擇，又以「好用」和「價位」做為決定使用的重點。故研發這一部科技輪椅產品，除必須依高齡者的身心功能評估和需求定位外，更必須依現實需求市場進行供給功能的優先排列，依使用場域確定，先從居家到安養機構，再到社區使用的場域範圍，逐步開展，最後依研發功能進行配備選擇，如基本型、經濟型、舒適型和豪華型的市場區隔定位，讓每位高齡者均有選擇機會和使用的能力。從本研究結果發現，依目前市場需求，建議以「居家使用」的功能設計為優先，將更能立即、實質的幫助家庭照顧需求。此外，建議若未來使用在安養機構，必須進行照顧管理，因為高齡者照顧工作必須有「照顧管理」（care management）的配套措施，結合各方資源做為保護老人的內涵機制，並爭取社會支持和接納，讓高齡享有科技生活福祉與尊嚴。

二、建議

我們期待能藉由先進國家對長期照顧的服務措施，提供我國高齡者照顧工作更有效落實，提供「適時」、「適地」和「適切」的「3適服務」，享有高品質且人性化的照顧模式。從健康需求的角度切入，部分身體失能老人仍需鼓勵「自我照顧」的行動，以免輪椅坐久失去原有行動能力，甚至成為「輪椅形」的身軀，爾後應依照顧「成本」和「功能」考量，再區分為三個層次：第一個需要有「尊嚴感」，「需要給付功能和條件」次之，再者為「醫療、復

健」的功能，最後是「心理、休閒、娛樂」。若從人性需求角度出發，對話功能非常重要，能解決心理恐慌的需求，而且必須具有小幫手的陪伴系統。若從協助照顧者角度切入，以安全性為優先，需將現行輪椅使用之障礙和潛在危險降至最低，甚至「零風險」，舒適性、輕便移動、並具有警示、提示和表達功能，外出時，需能防暴、防搶，具有緊急求救的連線功能，讓外出者具「安全感」。若從市場角度，則需先進行市場區隔，依個人的身體障礙程度和經濟能力進行評估，再依功能配備選項之多寡和價位，進行選擇。依移動範圍可區分為三個類型：機構用、社區用、居家用，依移動範圍和環境，提供不同功能的區隔。最後，若要普遍性推廣市場，安全和價格的考量非常重要，亦即在具備基本功能的配備和成本後，再依消費者的需求和能力，去選配功能和價格取捨。就本研究焦點座談資料結果，提出以下建議和省思：

(一)危險與安全

安全性是照顧者或機構選擇產品的優先要求，也應是科技輔具應具備的基礎功能考量，如不被輪椅刮傷、有預防跌倒警示、有緊急求安置、能閃避移動障礙物、不會翻車等，故除克服現有使用輪椅易發生的危險傷害和障礙外，更要注意其潛藏性危險，讓購買者放心，使用者安心。

(二)失能與使能

坐輪椅對長者而言是萬不得已的，因此許多高齡者或社會大眾對輪椅的社會符號常給予失能者的標籤，因此，研發設計一部人性又現代感的輪椅，使「失能者」成為「使能者」，也較願意坐輪椅出去和社會互動。

(三)依賴與自主

當前輪椅是輔具，而且往往需依賴他人才能完成坐輪椅的可能，而且高齡者大多身體虛弱，肌肉無力，必須依賴他人推動輪椅，才能有機會到外面曬曬太陽，因此若能克服無力轉動輪椅的狀況，輕便可移動行走，能閃避路面障礙物，高齡者將有更多自主空間和外界互動。

(四)科技與人性

科技幫助人類行為功能的延續，尤其帶來失能者活著的希望，但是科技若離開人性設計，也只是冰冷的機器而已。因此設計輪椅輔具必須以人性為中心，敏感度、反應性、同理心和體貼度都必須注入，以人性為中心設計的科技產品才有社會認同性和接受度。

(五)抗拒與接納

科技產品的研發必須檢視使用族群，輪椅是高齡者行動不便或身體虛弱之替代工具，高齡者使用最多的族群，使用場域以安養院、醫院為主，然而，我國老人或身心障礙者照顧大多是在家裏照顧，若能結合現有居家環境空間，才能被接納，否則必須改良建築物才能使用時，將因感到麻煩和另外花費，而讓使用者望之卻步。

(六)功能與價格

科技產品若要普遍推廣市場，除要功能多，好用、易用、耐用的基本原則外，使用的取捨關鍵是「價格」。消費者是聰明的，若是價格過高，即使功能佳，仍會選擇不用，而繼續使用傳統的輔具，尤其老人更是節儉。因此，成本和價格的是決定市場的普遍

性、佔有率的現實問題，生產力空場和價位必須進行市場區隔，讓窮人、鄉下人有能力購買，有錢人也有功能配備的升級選擇。

當前台灣失能者照顧問題面臨家庭照顧資源變遷和人力嚴重短缺的現象，身心嚴重失能者才會轉向醫院、護理之家、養護中心等接受專人照顧，一般則使用居家服務或申請外籍看護做為因應之道，然而這些照顧供給也因人力、成本、費用、時間、空間等因素，形成「照顧不足」的現象，照顧服務也集中在提供居家環境的打掃和身體清潔（沐浴），尚無法提供高齡者每日自我身體健康維護管理（如量血壓、脈搏、呼吸、復健）及隨心自在的身體移動和進行社區互動（陳燕禎，2007）。因此，不管住在家裡或機構的失能長者，「等待」、「依賴」的場景是最常見的畫面，若照顧服務系統能整合老人福利、科技和產業，共同研發給高齡者一部方便操作和移動、互動的行動輔具，除可隨時自我掌握身體健康機能的變化和復建，減少日常生活的孤單與無聊，增加社會互動之機會，並做為日常生活的陪伴幫手，故藉助科技力量介入高齡者照顧，將成為不可避免之趨勢（陳燕禎，2004）。因此，全力研發智慧機器人輪椅，不僅是老人照顧產業界長久以來的夢想和期待，也是讓高齡者獨立自主生活的重要元素。

三、研究限制和未來研究建議

本研究結果係以產業界的老人安養機構業者、照顧者的觀點出發，建議未來針對使用輪椅的當事人和家庭照顧者進行深度訪談，以收集更多元的資料。再者，本研究採質化研究，難免研究過程有情緒性的介入。最後，希望未來學術研究持續鼓勵和加強此一領域的投入。

參考文獻

一、中文部分

中華民國家庭照顧者關懷總會（2007）。《家庭照顧者現況調查》。台北：中華民國家庭照顧者關懷總會。

內政部統計處（2006）。《台灣地區老人生活狀況調查》。網址：http://sowf.moi.gov.tw/ 檢索日期：2008.10.20

內政部統計處（2008）。《老年總人口統計》。網址：http://www.moi.gov.tw/stat/ 檢索日期：2008.10.20

內政部統計處（2008）。《台閩地區老年人口佔總人口比率》。網址：http://www.moi.gov.tw/stat/ 檢索日期：2008.10.21

內政部統計處（2008）。《身心障礙按年齡或等級與男女》。網址：http://www.moi.gov.tw/ 檢索日期：2008.10.20

內政部統計處（2009）。九十八年第九週內政統計通報(97年底列冊身心障礙者人數統計)。網址：http://www.moi.gov.tw/stat/news_content.aspx?sn=2123 檢索日期：2009.03.02

內政部統計處（2009）。九十八年第四週內政統計通報(97年底人口結構分析)。網址：http://www.moi.gov.tw/stat/news_content.aspx? 檢索日期：2009.03.02

古治一好（2001）。〈日本介護保險實施現況〉。《日本公共介護保險制度施行》，發表於2001年4月衛生署主辦研討會。

行政院經濟建設委員會（2005）。《中華民國台灣地區民國九十四年至一一〇年人口推計》。台北：行政院經濟建設委員會。

行政院經濟建設委員會（2005）。《中華民國台灣地區民國九十四年至一一〇年人口推計》。台北：行政院經濟建設委員會。

吳金花、陳姿秀（1996）。〈減輕負擔減輕痛苦──殘障者醫療復健與輔具補助〉，《特教園丁》，第12期，頁7-12。

吳淑瓊（1999）。〈台灣長期照護展望〉，《社區發展季刊》，第88期，頁162-167。

吳淑瓊（1999）。〈我國老人長期照護政策措施的檢討與建議〉，《長期照護雜誌》，第3卷第2期，頁9-13。

李文宏、顏啓華、李孟智（2005）。〈老人周全性評估〉，《基層醫學》，第20卷第九期，頁212-218。

李奇愛、彭德明、李少珍譯（1995）。《OECD 諸國健康照護制度的比較分析》。 台北：勞保局。

李明政（1991）。〈社會福利領域中有關需要的概念及其判斷之探討〉，《思與言》，第29卷第3期，頁153-174。

林秀芬、李世代、胡名霞（2007）。出院準備服務之輔具早期介入成效探討，FJPT，第32卷第5期，頁267-274。

林美娜、邱啓潤（1995）。〈居家中風老人之家庭照顧品質〉，《護理研究》，第3卷第2期，頁138-148。

徐業良（2008）。《老人福祉科技與遠距居家照護技術》。台中：滄海書局。

陳惠姿（2004）。〈緒論〉，收錄於陳惠姿主編，《長期照顧實務（Long- Term Care Practice）》。台北：永大書局。

陳燕禎（2004）。〈台灣地區老人長期照護模式發展之探討〉，《全球華人孝親敬老研討會論文集》，頁130-144。主辦單位：中國老齡事業發展基金會、香港社會服務發展研究中心、香港大學秀圃老年研究中心、香港特別行政區安老事務委員會。香港。

陳燕禎（2005）。〈社區老人照顧支持體系及政策探討〉，《社區發展季刊》，第110期，頁158-175。

陳燕禎（2006）。《南投縣老人生活狀況及福利需求調查》。南投縣政府委託研究計畫。

陳燕禎（2008）。《老人福利理論與實務：本土的觀點》。台北：雙葉。（三刷）

陳燕禎、林小圓（2008）。〈兩岸獨居老人照顧模式之研究：以台北市和南京市為例〉，《兩岸發展史研究》，第6期，頁215-251。

陳燕禎、黃志忠（2006）。《南投縣老人生活狀況及福利需求調查》。南投縣政府委託研究計畫。

陳燕禎、謝儒賢、施教裕(2005)。〈社區照顧：老人餐食服務模式之探討與建構《社會政策與社會工作學刊》，第9卷第1期，頁121-161。

葉宗青（1999）。〈殘障學生科技輔具需求評估〉，《生活科技教育》，第32卷：頁25-32。

二、英文部分

Anthea, T. (2000). *Are alternatives to family care for older people a realistic option*, In UK & SINGAPORE Seminar on Health care for the Elderly UK Administration Press.

Bradshaw, J. (1972). 'The concept of social need', In Gilbert, Neil & Specht(ed.).1974, *Planning for Social Welfare*, pp.290-296. Clayton: Susan.

Chen ,Yen-Jen. (2007). 'More choices for family? Changing elderly care models in Taiwan'. *International Journal of Sociology of the Family*, Vol. 33, NO.1, pp123-143. (Spring)。

Coughlin, J. F., (1999). "Technology needs of aging boomers," *Issues in Science and Technology*, Fall 1999.

Demers, L. et al. (2002).Validity, and Applicability of the Quebec User Evaluation of Satisfaction with Assistive Technology (QUEST2.0) for Adults with Multiple Sclerosis. Disabli Rehabil, 4, 21-30.

Doyal, L., & Gough, I. (1995). A theory of human needs. *Critical Social Policy*, 10, 6-38.

Frenk, J. (1994). Dimensions of Health System Reform. *Health Policy*, 27(1),19-34.

Hagerty, B., & Williams, R. (1999). The effects of sense of belonging, social support, conflict, and loneliness on depression. *Nursing Research*, July/August; 48 (4):215.

Kane, R. A., & Kane R. L. (1987). *Long-term care: Principles, programs*, and policies. NY: Springer Publishing Co.

McKillip, J. (1987). *Need analysis for the human services and education*. Newbury Park, California: SAGE Publications, Inc.

Moxley, D. P. (1989). The practice of case management. Newbury Park, CA: Sage.

Peet, J. (1991). Health care: The spreading sickness. *The Economist*, July 6, 3-18.

Robin, B. (2000). *Hosing and care for the silver revolution*, In UK &

SINGAPORE Seminar on Health care for the Elderly UK Slide Presentations.

Smith, M. J. (1980). The social consequences of single parenthood: A longitudinal perspective. *Family Relations*, 29, 75-81.

Stone, R. (2000). *Long-term care for the elderly with disabilities: current policy, emerging trends, and implications for the twenty-first century*. NY: Milbank Memorial Fund.

第四章
老人居住環境設計之研究

裴晉國　開南大學通識中心助理教授

第一節　前言

　　老人問題必然成為二十一世紀重要的政治、經濟與社會的問題。人口的老化，是導因於出生率的降低、醫學技術的發展、公共衛生的改進等因素，促成人類平均餘命逐漸延長，並導致長期以來人口結構持續變遷。這些造成人口老化的原因，也會不斷的對社會結構產生巨大的影響，二十一世紀全球老年潮的危機將陸續在世界各國發生，並且尚未發現任何有效降低此一人口老化趨勢的具體對策（王晶譯，2000）。老人相關問題之關切，自然成為社會的焦點。[1]

　　老人福利之國際歷史演進與發展，促使聯合國大會1991年更通過了「聯合國老人綱領」，提出關於老人議題的五個要點（呂寶靜，1995；1999）：

一、 自立

　　老人應有途徑能獲得食物、水、住屋、衣服、健康照顧、家庭及社區的支持、自助。老人應有工作的機會。老人在工作能力減退時，能夠參與決定退休的時間與步驟。老人應有途徑獲得適當的教育及訓練。老人應能居住在安全與適合的環境。老人應儘可能長久的居住在家中。

---

[1] 台灣地區自1993年9月底時，老人人口佔總人口比例已達7%，符合世界組織定義的老年社會（ageing society）。2007年底時，此比例已達10%。

二、參與

老人應能持續融合在社會中，參與相關福利的政策制定，並且與年輕世代分享知識與技能。老人應能尋找機會來服務社區與擔任適合自己興趣及能力之志工。老人應能組織老人的團體或行動。

三、照顧

老人應能獲得符合社會文化價值、來自家庭及社區的照顧與保護。老人應有途徑獲得健康上的照顧，以維持身體、心理及情緒的水準，並預防疾病的發生。老人應有途徑獲得社會與法律的服務，以增強其自治、保護與照顧。老人應能夠在人性及尊嚴的環境中，適當利用機構提供的服務。老人在任何居住、照顧與治療的處所，應能享有人權和基本自由，包含了對老人尊嚴、信仰、需求、隱私及決定其照顧與生活品質權利的重視。

四、自我實現

老人應能適當地追求充份發展的可能。老人應有途徑獲得教育、文化、宗教、娛樂的社會資源。

五、尊嚴

老人能在尊嚴和安全感中生活，自由發展身心。老人應不拘年齡、性別、種族、失能與否等狀況，都能被公平的看待。

因此，老人居住環境的相關問題，均於此五大宣言中具體呈現了老人研究之方向。Stone（1998）分析當前老人居住之國際比較研究發現，共同的發展趨勢是：(1)國家必須正視老人人口的成長，提供足夠的老人居住數量與型式；(2)老人獨居發展；(3)政府在住宅政策、分配與補貼上扮演重要的角色；(4)居家設施的改建與輔具，達成老人在社區成功的生活。在老人居住空間的相關軟硬體設計上，如何配合老人在生理方面的老化問題，使週邊的光線、噪音、安全等問題不致成為老人生活的干擾，更不致產生視力聽力惡化、跌倒等二次傷害，以及配合老人的失能問題，設計合宜的輔助設備？整合老人住宅、老人建築室內設計、老人居住輔具之運用，是達成老人居住空間得以滿足老人居住生活之需求與安全考慮的重要因素。

居住環境包含日常生活和活動，以及與他人的交往空間，包括了個人空間（personal space）、鄰里空間（neighbourhood space）、活動空間（activity space）和行動空間（action space），這些空間的類別和設施，可以促進或妨礙很多的生活和活動（朱佩蘭，2001：93）。人的一生，從出生、成長、茁壯、年盛到衰老，任何一階段無不與家緊密接合。溫馨和樂熟悉的家卻潛藏著危機，尤其是對長者。然而這些傷人的危機是能避免可消弭的。由於老人老化、失能的比率較高，所造成的不便常使得老人無謂居住於家庭或機構中，都大大減少了老人在上述四個空間中的個別生活運用、交互組合運用的空間使用程度。因此，對於老人居住環境的設計，必須透過合適的理論，產生相關的空間利用標準。

第二節　老人居住建築物與室內設計

　　就建築學與空間設計的觀點來看待老人居住環境設計，主要
由專業提出老人住宅建築物硬體建設的看法，他們特別強調老人生
理機能的退化，有些甚至產生殘障，造成於一般普通居住空間時無
法得到良好的居住感，並影響其生活自理的能力。因此，在建築物
的空間規畫、動線規劃、無障礙環境設計、內部輔助器具的設計
等，都成為老人建築物有其特殊性而必須特別注意規畫，並且如果
是老人集體居住的所謂老人住宅，也必須取得老人個人空間、半
公共空間、公共空間與管理服務部門間的安排，均能包括個人隱
私性及整體安全性的共同考量設計（曾思瑜譯，1997；曾思瑜，
1997a；1997b；1998a；1998b；1999；2000）。當然，老人居住地
點的大環境的問題，包括附近治安、空氣水源汙染、交通的便利性
等都應該加以思考，當前台灣在高雄、台南所興建之老人公寓，便
有上述之不良情形，應有良善之規畫（金桐，1998）。事實上，老
人機構與社會隔離的設計，已非現代老人住宅之主流規畫方向。建
築學界在硬體設計的建構外，仍然非常強調軟體規畫、管理，以及
整體社會環境。

　　單一樓層、無障礙的環境，是老人住宅最基本的設計概念
（曾思瑜，1997：95），此一基本之老人建築概念自然應適用於
一般住宅及對於老人特殊設計之住宅中，而此類的住宅就包含了老
人公寓、照顧住宅、老人安療養機構及老人護理之家等等。就老人
特殊設計住宅而言，過去台灣地區所進行的老人安養機構設施的調
查研究中，無論是呂寶靜等針對台北市126所養護機構，或陳自治
針對台北、台中、高雄都會區53家療養設施機構，或是陳月枝等針

對台北市及近郊37家老人療養中心的研究，都一再顯示出這些機構的建築設計，發生許多的問題，並且各機構都相當的嚴重而普遍存在，設備的缺失包括生活空間狹窄、居住品質不良、輔具設備不足、安全設備不足、消防設備不足、無輪椅專用斜坡道，充其量只能滿足老人的基本生理需求，安全性的設備明顯不足（曾思瑜、林昌明，1997：4-6）。這樣的結果著實令人擔憂，台灣的老人居住環境要如何來改善？而老人在家安養，當面臨了住宅建築無法因應上述建築概念及其它需求時，政府機關之配合政策措施又不足夠改善時，對於老人將如何協助安全、快樂的在家中安養？

一、老人失能與居住規劃概念

老人居住生活能否配合其需求，使其獨立自主生活，相當多的困難點是來自於居住所在地的設施規劃與協助之阻礙與不足。就老人居住於家庭而言，一般家庭的建築設計，經常不考慮老人日常生活功能的退化，甚至也沒有預留可以改造的空間（曾思瑜譯，1997: 46），因而促使老人常因此而無法在現居的家庭中合宜生活下去，基本日常生活的功能也因而難以獨立自主活動，大大阻礙在地老化的實現。就居住家庭以外的機構、老人住宅、庇護所、生活協助機構、退休社區、護理之家或長期照護機構等等，相關的老人接受在機構中生活的意願、其提供之軟硬體設施服務是否合適，法令規範是否足夠？都是老人居住設施規劃時，必須正視的問題。

對於老人失能之日常生活活動（activities of daily living, ADLs）的評估，是相當重要的初步工作。就身體功能障礙而言，日常生活活動是指每個個體每日需執行的洗澡、穿衣、如廁、移位（transfer）、大小便控制、進食等活動，正常情形下，一般人可獨力完成（ADLs independent）。但是，老年人常發生因生理

機能退化（degeneration）、肢體變形（deformity）、心理依賴（dependency）等因素，造成部分或全部的功能受限[2]。這些人無法在執行日常生活活動時，可能需要部分協助或輔助方可完成，甚至有些人需要完全依賴他人協助，才可完成這些活動。

　　老人日常生活功能之依賴與否，研究者可運用量表評估老人功能狀況。其中巴氏量表（Barthel Index）和柯氏量表（Karnofsky Scale）在臺灣的使用相當普遍，也可對於個案居住環境設定及改善做為基本考慮因素。

　　巴氏量表將日常生活分為十個評量單元，包括進食、移位（從床上或椅子上坐起或站起來）、儀容修飾（洗臉、梳頭、刮鬍子、刷牙）、進出盥洗室、洗澡、移動（或可應用輪椅）、上下樓梯、穿或脫衣（包括綁鞋帶）、大便控制、小便控制。每一個單元若可以獨力完成得10-15分，若需要協助方可完成得0-5分，總分為一百分。巴氏量表可提供老人生活是否獨立的良好指標。而生活獨立又與各項空間規劃有所關連。

　　老人由獨立生活到輕度依賴，對使用不同空間種類的需求明顯提升，為符合其期望，應建構適當戶外休閒空間及公共服務設施，作為健康促進及提供生活訓練之場所。老人居住者依賴程度改變，要進行居住與照護環境轉換時，可對ADL進行四段式切割方式：對於巴氏量表ADL100分之居住者提供室內、外及公共服務空間；在輕度依賴（ADL80-99分）時，總體空間需求最高，可增加居住者室內、外及公共服務空間之規劃，並加強提供信仰空間之規劃；中度依賴（ADL50-79分）及重度依賴（ADL小於50分）時，應提供居住者具人性化之基本生活單元作為老人居住者環境轉換之

---

[2] 就日常生活功能的限制與否，老人常與殘障者並列於此一範疇加以討論，區分上並不容易。

參考指標（鍾朱炎，2000）。

　　柯氏量表則以完全獨立活動到完全依賴之間分為第零級至第四級五項分類。第零級意指可以完全活動；第一級能步行及維持輕度工作；第二級能步行及維持大部分自我照顧；第三級只能維持有限之自我照顧，超過50%以上時間清醒活動限於床上及椅子上；第四級完全無活動，無進行自我照顧且完全限制在床上或椅子上。

　　除了上述兩個量表，柯茲量表（Katz Index）是將日常生活活動分為洗澡（bathing）、穿脫衣（dressing）、如廁（toileting）、轉位（transfer）、大小便控制（continence）、進食（feeding）等六項，且每一項都分為獨立、協助和依賴來評估。評估的方式詢問受評者平時是如何執行這些活動，或要求從椅子坐起，走一小段路，轉彎後再走回來；若是受評者正在使用輔行器，可以要求受評者操作輔行器，以利評估輔行器的適用性，是否有需要改善。

　　此外，工具式日常活動的評估也是相當重要的。影響老年人極大的另一項因素是工具式日常活動（instrumental activities of daily living, IADLs），又可稱為獨居生活能力。老人如需單獨生活，則某些基本能力或基本要素，須透過某些工具才能達成，無法單純藉由個人之肢體完成工作。所以，常見的獨居生活能力包括：整理家務、準備食物、使用電話、洗衣服、使用大眾交通工具、服藥、處理金錢、購物、活動力、持家能力等。就認知功能障礙而言，則包含判斷、定向、記憶、抽象思考、計算以及語言能力等[3]，如任何一項功能失常，則被視為認知功能障礙（吳淑瓊等，1998：20）。

---

[3] 一般而言，施測者會問老人過馬路時看到紅燈要怎麼辦？回答內容可了解其判斷？可了解其記憶力；筆或鑰匙要做什麼用的？用以了解其抽象思考能力；一百減七等於多少？九十三再減七呢？用以測出計算能力有無問題。

　　當前臺灣地區對於老年人的評估重點，大多放在日常生活活動的評估，很少對獨居生活能力做評估。其實一位老年人若要有尊嚴、獨立的生活，所需要的不單是日常生活能力，當然還需要獨居生活能力，因為這是一個個體要適應現代生活的一種能力。不過，影響獨居生活能力的變因較多，包括國情、性別等因素，例如在食物準備方面，對一些男性老年人而言就很困難，可能因為社會對於男性在家庭角色扮演的認同因素，而未能學習家事訓練，這個能力是原來就沒有的，也造成其獨立居住生活時形成障礙[4]。

　　當老年人出現獨立執行自我照顧上的困難或是功能性的損傷時，相關之家庭、社區及機構協助的方向應將重點放在功能的重建，老人服務專業團隊人員應共同協助老年人找出失去功能的原因、導致功能退化的危險因子、家居生活障礙的發生原因，設法尋求功能代償的方式，以改善老年人自我執行日常生活的能力。因此，相關的住家硬體設備的設計，就應該針對老人整體與個別的特殊需求、生理退化之限制，尋求改進之道。例如對於洗澡有困難的老年人，應評估其浴室的設備，增設止滑地板或扶手，並建議老年人改為淋浴，老年人就可以在這些協助下安全的完成洗澡。所以，不論在復健單位或一般單位，都應該仔細的為每一位出院的老年人作功能性評估，以作為出院評值和出院計畫的參考。醫療小組人員也可協助老年人在返家前，對其原有的居家環境做適當改變，以利其返家居住（王世俊、林麗嬋，2000）。

二、空間規劃原則

　　對於老人居住環境之內在環境，如老人常發生傷害的臥室、

---

[4] 參考幼獅出版2001年《軍訓護理》，光碟版。

廁所、廚房等區域的設計，應加強配合建築材料、輔具及日常生活用具的設施提供，增強老人居住之安全；就外在的環境而言，也必須擴展整體的都市建築，包括道路、通道、電梯、樓梯、住宅、醫院、公共建築物等設施的規劃。

老人住居的設計，有的學者認為最重要的在於消除地板高低差異，以及裝設扶手兩項，並且在設計時也不應太過考慮某些不切合實際需求的設計[5]（古賴敏，1994）。然而，如果以老人居住環境必須達成「無障礙」概念設計，應是滿足老人居住的品質的主要核心。因此，老人住宅的設計原則至少包括下面幾點（Raschko, 1991；曾思瑜，1997a；張彧，1997；金桐，1998；陳建志，1999）：

1.對老年殘障者而言，相關的日常用具如插座、電源開關、門把、櫥櫃門把等，其設定區域如介於離地面70公分至115公分的範圍內，則大多數的人都能順利的完成而毫無阻礙，可稱之為舒適區域（comfort area）（Raschko, 1991:33-40）。

2.因視力、肌力、平衡能力、本體感覺衰退的老人容易發生跌倒，造成相當大的副作用。因此，老人之生活空間最好設在同一樓層、避免爬樓梯、出入口及室內的交通動線上避免放置障礙物及高低差。室內房間、樓梯、出入口照明需充足，地板最好不要打蠟並使用不滑之材質；如果需要使用地毯，最好使用背面有橡皮之地毯，且需將地毯邊緣固定以避免產生高低差；電線應遠離動線，並固定於四周角落或埋在天花板；門檻高低差應儘量減少，高度應小於2-2.5公分。

3.老人身體尺寸因老化而產生縮減的現象，因此，依據老人的特性將舊有的傢俱尺寸或用具重新設計或改造，使用可以調

---

[5]例如，作者以為室內空間在設計上不應滿足大型戶外輪椅使用的需求，應滿足的是小型的室內輪椅，但這樣的概念常無法獲得社會的認同。

整高低的床及桌椅。床板、椅子或沙發必須穩固，高度要能夠讓老人將雙腳放在地上，並讓老人能夠輕易站起；椅背斜度依椅座深度形成90-110度傾斜，以減輕脊骨的壓力；使用有椅臂扶手的椅子，可提供老人站起或坐下時提供良好的支撐。櫥櫃或衣櫃應該利用70公分到110公分的空間來儲存物品為最佳，最下層的架子最好能夠離地25公分以上，避免老人因為彎腰而不易取物或因伸手取物而失去平衡。傢俱避免有尖銳的角落、凸出或凹陷的地方；門把、傢俱或抽屜的把手應該清楚明顯、避免轉動設計以方便使用。

4. 浴室之設計應該同時注意使用的便利性及安全性。在馬桶、洗臉盆、或浴缸週遭依老人的身體功能及使用狀況裝置扶手。馬桶的高度與椅座的高度相同。使用長柄槓桿型水龍頭開關，冷熱水龍頭需標示清楚，紅色代表熱水，藍色代表冷水，最好水龍頭開關有冷熱水自動混合活門控制且水溫控制在攝氏35-37度之間。在浴室內須裝置緊急呼叫系統。對於無法久站或力氣較弱者，在淋浴處須設置坐椅。浴室地板應該使用容易維護，不易滑倒的材料，如：選擇小片沒上釉的地磚，在浴缸底部或淋浴盆底部放橡膠墊或貼上安全條等止滑裝置。老年人因泌尿機能的老化，造成上廁所的次數增加，在住宅設計上應縮短廁所與臥房的距離。

5. 廚房需有足夠的工作檯面工作及適當的移動空間。在水槽、檯面、及爐灶上增設補助燈光，以利老人工作。在廚房內應裝設火警探測器及瓦斯偵測器，並在火爐旁放置合格的滅火器。

6. 生活起居空間的空間設計須滿足老人的喜好與需求，例如客廳可規劃出聚談空間、閱讀空間、電視及音樂欣賞空間。餐廳規劃須考慮光線充足、色彩調和、及餐具的款式與餐桌的

擺飾以增加用餐者的情趣。

7.燈光照明須適當，避免強烈刺眼的光線、反光、及陰影。走道及房間照明需一致，臥室、走道、廁所宜裝夜燈或自動感應啓動燈，協助老人夜間如廁。使用發亮的開關板，便利黑暗中找尋開關的位置。電燈開關及插座裝置位置不宜太低，建議燈具開關高度為90公分高，插座至少離地面40公分以上。

8.嗅覺及味覺較不敏感的老人，無法分辨食物是否腐壞或有沒有熟，以及偵測火災或瓦斯漏氣。因此，食物放入冰箱冷藏或冷凍時，應包裝好並標明購買日期、放置日期、或有效日期，瓦斯應置於戶外，並定期檢查瓦斯是否漏氣。

9.老人因聽覺漸漸地喪失，影響老人社交生活，除讓老人戴適宜的助聽器外，可以用附加閃光的門鈴，讓老人知曉家中有訪客到來。此外，家人須採支持性的態度，並鼓勵老人參與社交活動，以維持老人的心理社會需求。

10.電梯之出入口至少大於80公分，開關時間要延長，防夾感應器要靈敏。

11.如居住於老人公寓，外出門應由內推向外開。

12.其它建築問題。包含陽台空間大小、西曬影響居住品質、休閒與精神生活的空間[6]等，順配合老人之需求加以設計。

綜上所述，老人居住環境的設計的而言，考慮的是室內空間的安全、機能、實用、及符合老人生理與精神上的需求，易言之，老人的福利基於老人的身體狀況，健康老人、半自理老人或臥床老人的需求仍有相當的差異，所以也應有不同的對策（關華山，

---

[6]例如，某些老人特別鍾愛蒔花蒔草，則陽台或庭院的空間需求就比較大。

1996: 150）。

　　對失智老人而言的設計是不同的。由於失智症老人常發生徘
徊、妄想、失禁、遺忘、自言自語、溝通障礙等行爲問題時，其空
間設計的原則就必須在大門及房間出入口加鎖，並採用容易清洗的
地板材質等設計加以因應（曾思瑜，1999）。但如何避免成爲「集
中營」或「監視」的居住，則必須妥善設計[7]，達到兼顧隱私、情
緒的安定、社交活動的進行，以及各種協助的提供。因此，就失能
的老人而言，如能根據老人的失能程度加以設計，區分社區、家庭
及機構三個居住地區之福利服務，或可解決此一問題。

三、空間規劃規格依據

　　依循上述概念，各個老人應有相當不同的尺度設計。換言
之，人體計測往往因應各種設施之設計需求而有特定的量測項目，
以促使此一計測資料有效應用於實質規劃之中（黃耀榮，1997），
以取得較多數人適宜的設計。但究竟研究者應如何應用尺度以進行
設計，以及是否透過統計我國特殊高齡者靜態尺度就可以達成設計
規劃的規格？

　　人體計測爲人因工程學（human factors engineering）中最基本
的基礎研究工作，舉凡人員生活環境中各種設施、設備、產品、尺
寸，以及操作該等設施、設備、產品所需要的作業空間尺寸，是否
符合人體使用的安全性、舒適性、效率性，其和人體尺寸與特性有
極其密切的關係。因此，由年齡、性別、種族、地區、健康狀況，

---

[7]林玉子提出〈失智老人集合居住三階段空間構造〉的建議。首先，注重私密
性空間的建立，再向外提供具家庭感覺的半公共空間，最後才是公共性空間
的設置。參照曾思瑜，1999，頁68。

甚至教育程度的不同，做爲人體尺度計測的變項，將有助於各種不同的設施、設備、建築、空間之利用（黃耀榮，1996：102-103）。

　　高齡者靜態與動態之人體操作尺寸乃是從事居家環境設計、無障礙環境設計、居家輔具設計時之重要參考依據。但過去長期以來引用日本或歐美的數據，造成實際使用時產生許多問題（曾思瑜等，1997：107）。根據黃耀榮的研究指出，我國國民整體而言，無論從性別與年齡層的平均結果來看，均較日本的平均值爲高，高齡者相差約十公分，而人體結構也未全然相同（如**表4-1**、**表4-2**、**表4-3**）。因此，過去國內長期以來引用日本資料而建立的建築規範，同時也完成了許多建築物，在使用時勢必對老人生活形成不盡滿意的結果。爲提昇並有系統的建構理想的老年居住環境，本土化的高齡者人體尺寸資料庫之建立有其必要性與急迫性（曾思瑜、楊靜、康耀文，1997：107），並且因時代的演進而將有更爲不同的數據。

表4-1　中、日男性高齡者人體部位身長比比較表

項目　　年齡層	60-69歲		70-79歲		80-89歲	
	我國	日本	我國	日本	我國	日本
身高平均數（H）	165.28公分	155.30公分	163.20公分	154.30公分	162.62公分	152.20公分
1.眼睛高度	0.931H	0.924H	0.930H	0.927H	0.921H	0.925H
2.立姿肩峰高	0.827H	0.808H	0.827H	0.808H	0.831H	0.815H
3.肘部高度	0.613H	0.603H	0.608H	0.601H	0.594H	0.604H
4.中指末端高	0.376H	0.373H	0.372H	0.367H	0.371H	0.373H
5.坐高	0.540H	0.533H	0.537H	0.531H	0.529H	0.526H
6.臀部-膝膕長度	0.271H	0.285H	0.277H	0.281H	0.283H	0.284H
7.膝蓋高度	0.298H	0.296H	0.299H	0.291H	0.298H	0.298H
8.兩肘之間寬度	0.289H	0.281H	0.284H	0.268H	0.282H	0.281H
9.肩寬	0.253H	0.263H	0.250H	0.250H	0.247H	0.253H
10.臀寬	0.206H	0.229H	0.203H	0.229H	0.200H	0.231H

資料來源：黃耀榮，1996：112。

表4-2　中、日女性高齡者人體部位身長比比較表

項目＼年齡層	60-69歲		70-79歲		80-89歲	
	我國	日本	我國	日本	我國	日本
身高平均數（H）	154.88 公分	143.80 公分	152.09 公分	140.10 公分	151.48 公分	138.70 公分
1.眼睛高度	0.930H	0.917H	0.924H	0.919H	0.929H	0.921H
2.立姿肩峰高	0.819H	0.795H	0.821H	0.800H	0.823H	0.807H
3.肘部高度	0.608H	0.595H	0.604H	0.595H	0.607H	0.593H
4.中指末端高	0.371H	0.373H	0.363H	0.370H	0.361H	0.358H
5.坐高	0.542H	0.540H	0.539H	0.531H	0.541H	0.523H
6.臀部-膝膕長度	0.278H	0.294H	0.284H	0.300H	0.282H	0.309H
7.膝蓋高度	0.299H	0.299H	0.299H	0.300H	0.303H	0.309H
8.兩肘之間寬度	0.291H	0.291H	0.289H	0.286H	0.289H	0.289H
9.肩寬	0.253H	0.261H	0.248H	0.254H	0.245H	0.253H
10.臀寬	0.217H	0.245H	0.218H	0.244H	0.218H	0.247H

資料來源：黃耀榮，1996：113。

表4-3　我國各年齡層人體各部位身長比比較表

項目＼年齡層	少年（7歲）	青年（17歲）	男性成年人（35-39歲）	女性成年人（35-39歲）	男性老年人（65歲以上）	女性老年人（65歲以上）
身高平均數（H）	120.36 公分	168.78 公分	167.04 公分	156.35 公分	164.25 公分	153.84 公分
1.眼睛高度	0.892H	0.928H	－	－	0.930H	0.927H
2.立姿肩峰高	0.794H	0.823H	0.827H	0.820H	0.827H	0.820H
3.肘部高度	0.604H	0.622H	0.633H	0.625H	0.609H	0.607H
4.中指末端高	0.365H	0.375H	0.365H	0.364H	0.374H	0.368H
5.坐高	0.549H	0.535H	－	－	0.537H	0.540H
6.臀部-膝膕長度	0.265H	0.268H	－	－	0.275H	0.281H
7.膝蓋高度	0.301H	0.303H	0.299H	0.297H	0.298H	0.300H
8.兩肘之間寬度	－	－	－	－	0.286H	0.290H
9.肩寬	0.240H	0.254H	0.272H	0.272H	0.251H	0.250H
10.臀寬	0.190H	0.196H	0.206H	0.214H	0.206H	0.217H

資料來源：黃耀榮，1996：114。

　　人體尺度計測之適用值及應用的範圍，在不同的設施及空間使用上，有極小值、平均值及極大值的不同運用，基本原則在於該設施的尺度在何種數值下，最方便於大多數的人使用。其中對於設施的垂直高度，如為因應使用者均可觸及，就應採用極小值；設施必須容納最多人的使用、通過時，則應採用極大值（黃耀榮，1997：134）。**表4-4**說明依據人體尺度所建構之門、床、小便器、書架、櫥櫃、通道、桌高、椅高、椅深、馬桶高度、扶手直徑及高度等建築設計及物品尺寸之根據來源，由於不同的物品在使用上有相當程度的差異，因此每個老人可說有著不同的使用規格。

表4-4　人體尺度計測適用值及應用範圍說明表

計測項目	適用值	應用尺度		應用範圍
		男	女	
1.身高	極大值	174.30	166.30	確定門、鏡子的最小高度，及健康床（躺床）的最小長度等
2.眼睛高度	平均值	152.84	142.82	確定佈告、展示品的高度等
3.立姿肩峰高	平均值	135.80	126.28	確定小便器前方扶手高度、公共電話高度等
4.肘部高度	平均值	100.21	93.52	確定作業台站者使用的工作表面舒適高度等
5.中指末端高	極大值	69.00	65.00	確定沖洗漕、報章雜誌架等站著使用的可及高度
6.站立垂直伸搆高度	極小值	176.00	167.50	確定書架、櫥櫃、衣物架等上層高度，以及蓮蓬噴水頭可及之高度等
7.指極	極大值	182.10	170.00	確定兩側水平伸展活動之最大範圍
8.肩寬	極大值	46.90	44.05	確定通道、門、躺床等寬度，以及沖洗漕作業範圍寬度等
9.肘部平放高度	平均值	22.76	21.16	確定坐姿使用桌子的工作表面舒適高度，以及馬桶、椅子坐姿扶手高度等
10臀寬高	極大值	38.90	39.45	確定椅子的舒適寬度等
11.坐姿臀-腹部厚度	極大值	29.20	30.00	確定使用者緊貼使用特定設備時，所需最小空間距離，如身體和小便斗之間距離
12.大腿厚度	極大值	15.80	14.80	確定桌面下方和桌椅面之間最小間距等
13膝膕高度	平均值	41.26	38.72	確定桌椅面的高度等

（續）表4-4　人體尺度計測適用值及應用範圍說明表

計測項目	適用值	應用尺度		應用範圍
		男	女	
14.臀部-膝膕高度	平均值	45.27	43.34	確定靠背椅之椅面深度等
15.兩肘之間寬度	平均值	47.12	44.66	確定座椅、馬桶兩側扶手芝間距等
16.手臂平伸長	極大值	96.40	85.80	確定人體前方水平操作之最大範圍，如置物架、櫥櫃、書架等前方活動深度
17.手掌長度	平均值	17.78	16.65	確定扶手直徑大小等
18.腳掌長度	極大值	26.50	25.30	確定座椅垂直面和桌邊之最小間距、階梯踏面等
19.站立手腕高度	平均值	79.23	73.25	確定人體站立時手腕支撐高度，如扶手高度等
20.臀部-後腳跟長度	極大值	95.90	91.80	確定坐姿腿部向前伸展之最大範圍，如按摩椅座面深度等

資料來源：整理自黃耀榮，1997：135及138而得。

　　因此，配合上述人體尺度，以及各國在無障礙的基本設計，可以提供我們相關之老人設施所應思考的硬體規格。

四、居住環境規劃法令

　　無障礙的概念始於1950年代的北歐，其主張對於殘障者去除與社會隔離的制度，使得殘障者也能回歸社會主流，達到社會整合、統合（integration）的目的，更啟發了殘障者也能正常化（normalization）生活的思想（曾思瑜，1996：108）。

　　因此，相關國家對於無障礙環境設計規範，便基於此一概念進行法令之因應對策。例如，瑞典於1969年進行建築法第四十二條之修正[8]；美國於1990年制定美國殘障者法案（Americans with

---

[8]該法更於1977年修正，所有住宅於該年之後建造者，均需達到無障礙化之標準，三樓以上住宅設置電梯。林玉子認為這是世界上的一大創舉。見曾思瑜，1996：110。

Disability Act of 1990，ADA法案）[9]、日本於1994年通過「有關高齡者、身體殘障者等能圓滑使用特定建築物的建築促進法案」[10]。但綜合歸納相關國家之無障礙法令，在瑞典、美國、日本等國來看，共同具有兩大特徵：第一是這些法令之主要目的在於確保高齡者及殘障者對於建築物的可及性及使用方便性；第二則是這些法令的適用範圍所約束的重點主要在於公共建築物，以及住宅外部的空間及都市公共設施及環境，對於一般住宅內部未加以規範設定（曾思瑜等，1997：27-28）。

　　國內老人住宅的市場發展，約可分為以老人自費安養的型態出現的發軔期（1972年至1973年）；以政府興建之各地仁愛之家為主的政府參與期（1974年至1990年）；民間業者大量投入老人住宅市場的發展期（1991年迄今）（涂玉山，2001：20）。目前依法老人住宅以安養與租賃為主的型態存在，而且其收費價位之標準，均非一般所得老人得以消費。因此，該類機構的市場商品化及非營利去商品化間的問題仍然存有相當多的思辯空間（王順民，1999）。政府開辦之公立老人機構，又常因機構化傳統管理方式，缺乏人性、老人自尊，使得進住情形不佳，但中低收入老人經濟情形極差，又無法獨立生活，而不得不入住機構。社區發展雖然有相當多的優點，但我國社區照顧服務輸送網絡仍待加強、社區式與居家式服務明顯不足，形成現行社區照顧無法有效施展（呂寶靜，2001：250）。就政府法令規範而言，至2003年底，內政部營建署方才修正建築技術規則建築設計施工編，增訂第十六章「老人住宅」，並

---

[9] 全國只要對公眾開放的公共建築物、交通設施、一般營業設施，都必須符合無障礙的標準，至少有二分之一以上的主要出入口要方便殘障者進出。

[10] 適用十六類特定建築物，包括醫院、劇場、集會場所、展示場、百貨公司、旅館飯店、福利設施中心等類型建築物、體育場所、博物館、公眾浴室、餐廳、服務業之場所、交通場所、公共車庫、公益建築物等。

因此訂定「老人住宅基本設施及設備規劃設計規範」，就相關老人居住環境設施之外部空間規劃、居住單元與居室服務空間規劃、共用服務空間、公共服務空間，以及設備及設施，依據前述相關原則、依據，加以規範之。政策制定與社會發展間的落差似嫌過大。

第三節　老人居住輔具之應用

輔助器具（assistive device）簡稱爲輔具，是指任何協助人們完成日常生活中食、衣、住、行、育樂各方面活動的器具，其功能在於維持、增加或改善使用者的身心功能（陳建志，2000）。輔具科技（assistive technology）的發展，可透過低科技到高科技的設計，運用簡易的工具修改，用來做爲增進、維持、改善及改變殘障病人的功能者，都可以包括在輔具的範圍內。如前所述，老人導因於健康退化、生理疾病、心理退化等因素，必須配合、滿足其需求，進而設計合宜、可行、經濟、方便的輔具。

有些非失能者也可以利用輔具進行生活型態的改善，包含汽車等產品，帶來人們行動方面的福利，也是一種另類思考下的輔具。因此也有學者將輔具科技賦予新的名稱爲「生活型態科技」（lifestyle technology）（Coughlin, 2001），運用科技整合個人、家庭及照顧者日常生活中有用的協助器具，使得每個個人能夠早日回到主流社會，在主流社會中生活。

因此，輔具設計之基本原則就在於，凡是能夠提供老人在生理限制的狀況下，使用簡單的方式，配合器具之使用，達成老人所欲完成的動作、移動等想法，成就其獨立自主的生活，提高生活品質，均爲輔具設計之基本原則。輔具的重要的原則爲（Poulson & Richardson, 1998: 168）：

1.環境脈絡：提供一個高級的產品，所涵蓋的議題包含了最初的合理使用、誰會使用，以及誰能購買。價格過高的輔具，恐將影響需要者的購買意願與購買的能力。

2.產品環境：包含了輔具行銷之訓練、說明、裝設、維護及使用者之支持。

3.使用者為中心：輔具科技的發展方向是顧客需求導向的，並且，任何的產品都應基於使用者是人的概念出發，其次才考慮其殘障或老化的問題。

4.使用者的活動：使用輔具的活動範圍與相關的部分，可能隱含了輔具設計的方式與改變。

5.產品分析：總結並分析功能設計與產品間能否配合，操作上有沒有困難、由使用者活動的觀點加以分析。

6.設計之總結：綜合考慮更仔細的產品特殊功能。

7.可用性評估：包含客觀的評估項目加以分析。

依照輔具之設計製造困難度區分，可分為低科技輔具與高科技輔具兩種。前者如一般輪椅、支架、萬用套、口含棒等等，後者則涉及較複雜的電子、電腦及環境控制系統，以人機介面（human-machine interface）控制此一系統[11]。以輔具之用途區分，則可分為裝具（含副木）輔具、義肢類輔具、姿勢擺位類輔具、基本生活輔具、家務與工具性輔具、各類輪椅輔具、聽障類輔具、視障類輔具、訊息放大溝通輔具、電腦介面輸入輔具、語障類輔具、感覺統合治療輔具、治療性輔具、分散壓力輔具、人體工學設計輔具、協助認知輔具、玩具類輔具、環境控制輔具、居家改造輔具等[12]。

---

[11] 參考http://www.touch.org.tw/indesmain1_2.htm。

[12] 見 http://www.touch.org.tw/ASTHTML/HOME.HTM。

　　因此，針對老人居家需求方面的科技輔具，主要的目的在於提供老人居家之日常生活得以獨立完成，或是照顧者得到協助而更加便利的進行照顧工作。以下就老人最常發生在空間障礙、衛浴設備及日常生活等三方面運用之輔具加以說明。

1. 超越空間的障礙：老人日常生活之失能，加上老人體重的問題，常使老人或照顧者不易自力或協助老人的轉位（transfer）及移動（locomotion）。因此，設計轉位輔具，老人可以自己完成轉位，甚至直接進行移動。例如電動吊椅車、軌道式懸吊系統、架設在樓梯的軌道式爬梯設備等。柺杖、助行器及輪椅的使用則提供老人移動上很大的便利，助行器附座椅的設計，還可提供老人行走中休息之用。而要有效節省照顧者的體力負荷的輔具則包括移位轉盤、移動式的垂直爬梯機等。

2. 衛浴生活之協助：例如洗澡椅、洗澡床、馬桶增高器、浴缸扶手等。

3. 日常生活輔助：老人之日常生活如因相關能力喪失而無法自立完成基本需求，將大大影響在地老化的推動。例如廚房使用之開罐輔助器、開瓶輔助器等等；日常生活之穿衣器、穿襪器等等；娛樂用之持撲克牌器等，均能提高老人居家生活之品質。

　　依現行政府制定之身心障礙者醫療及輔助器具費用補助辦法之規定，依經濟狀況及障礙類別方得提供輔具補助[13]，而上述復健輔助器具須經身心障礙鑑定醫療機構診斷並出具證明確有裝配復健輔助器具類之需要。因此，老人所需之科技輔具，如無法符合身心

---

[13] 見http://www.elderly-welfare.org.tw/。

障礙或低收入及中低收入之資產調查之規定，是無法申請補助經費，也將對於老人福利之提供，造成極大的傷害。

第四節　住居評估改進與整合

結合以上論述，可見在老人居住設施的設計及施工，必須同時兼顧老人居住空間的硬體必須在尺度上與老人特殊性密切考慮，以及相關輔具的同時配合。

然而，大多數的住宅，在設計時均沒有配合老人之特殊需求。因此，當老人失能時才因為老人必須乘坐輪椅在室內移動，或是導因於其它慢性病而形成的日常生活部分依賴的問題。因此，合適的依照老人居家需求而進行居家設備的改造（modification）、修繕及輔具的運用，成為現今許多家庭必須面對家中老人而加以處理的。

因此，居家改造的方案，基本上可以分為四個部分：第一，建築結構方面的改變，例如走道的加寬、在一樓加裝浴室、裝設坡道等；第二、裝置特殊的輔具，例如扶手、把手、單把水龍頭等；第三，改變居住的物品，例如將阻礙行走的家俱移動位置；第四，調整可活動之空間，例如移至一樓居住、改變使用的房間等（Pynoos, et al, 1998: 3）。

固然面對居家修繕的主要考慮點是老人的使用問題，這常常導因於老人的健康因素。然而，實際存在無法忽略的因素包括了經濟問題，亦即修繕的成本要低；同住子女的看法，也是一個考慮的因素；不同的專業人員，如建築師、健康部門的醫師或物理治療師、職能治療師、志工部門等，所與提供意見因各專業之優先考慮因素，對於修繕意見也不盡相同（Pynoos, et al., 1998: 5）。面對

老人失能而進行居家設計、購置輔具的財務支出，形成老人本身或是家庭的另一項負擔。但是，老人是異質的人口組成群體，有各種不同的需求，沒有任何一個居住模式是舉世通用的（Rosenberg & Everitt, 2001:143-4）。尤其老人常發生的疾病，包括糖尿病、中風、髖關節骨折、關節置換術等等，大大限制了日常生活活動，更需要有不同的選擇，進行居家環境的改造，提供多種的輔具，以及居家環境的特殊化、並提供選擇的極大化，都能夠達到並維持老人的活動功能與居住環境間的平衡（Tabbarah, Silverstein and Seeman, 2000）。也就是說，對於居住安全及評估項目，有些地方不見得眞正配合個別案主的需求時，有個針對單一老人特殊問題，還是應該保留老人自主選擇的權力。事實上，講究老人生活實際需要住宅，美觀也必須要考慮，而子女也應有爲父母改造的住宅，自己老後也能用的想法，因此，要打造一個老少咸宜的家仍然是可行的（曾思瑜譯，1997:49-50）。

達到在地老化是老人居住環境設計的核心概念。因此，除了生活設施的硬體改善之外，還需經由相關之老人居家照顧，包含國家、市場及市民社會的共同建構，才能達成前述之目標，使得老人可以在家接受適當的照顧。通常老人的居家需求可歸類爲五大類需要，即經濟的（economics）、住宅的（housing）、健康的（health）、福利的（welfare），及社會的（social）需要。而基於老人需求多元化，爲滿足不同個人的需求，居家照顧服務項目可歸納爲下列十五項（李瑞金，2000）：

1.諮詢：老人及其家庭經常不能應付家裡日常的生活問題。諮詢服務可協助人們認識各種社區資源。諮詢包括探討老人及其家庭面臨的問題、辨識他們的需要，及選擇最佳的解答。

2.教育：居家照顧的一個基本特徵就是它完全以公共教育計畫

為基礎。每個社區都必須準備它們自己的教育計畫。媒體宣傳、小冊子，及資訊展覽，這些可以彌補擴大照顧服務工作員所做公共演講計畫的不足。

3. 環境適應：老人在家中也許無法處理家事，而無法容許老人做到安全或有效的獨立生活。要解決這些問題，必須修改有關環境的設備。

4. 外勤服務：缺乏活動會使老人失去處理自己事務的能力，老人需要有可靠的人幫忙處理他們的事務。如上街採購或是到銀行辦事。

5. 家庭協助：很多的家庭都負起直接照顧老人家屬的責任，或是輔導他們的工作。當老人依賴他們的程度很高時，工作的負擔常使他們難以忍受。如果這些家庭有機會接受協助，它們都會成為有效率的長期家庭照顧工作員。有關機構可以利用很多方法提供這類協助，如：居家護理服務、「看護」服務、日間照顧中心、喘息照顧等。

6. 家庭維修：很多老人無法處理一些小的修繕工作，如整理花園、燈管或水龍頭的水電問題，甚至引發焦慮。有組織的居家服務，可協助老人留在家裡的生活瑣事；

7. 家事處理：如果有人協助功能障礙的老人處理家事，他或她就可以留在家裡生活。透過地方家事服務的組織來幫助老人處理家事。

8. 出院計畫：老人進住醫院一段時間後，協助他或她出院回家是一個重要的問題。在老人住進醫院之後，就應擬定出院的計畫，必須事先做好安排，以便在正確的時候使用居家服務，使病人順利回家，尤其是當病人或家人焦慮時，更當如此。

9. 用餐營養：有效的居家服務為老人提供有關營養的多重選

擇，送餐到家的服務應包括：分送熱的餐飲、分送冷凍的餐飲、定時的補充食品、有關定食的教育、廚房改修或補助器材、採購等。

10.個人照顧：如果有合適的個人照顧，很多老人及身心障礙者者都可以留在家裡生活，如洗澡、洗衣服、洗被單等。很多身心障礙者在早晨都需要有人來協助他們起床及穿衣；然後，他們就可以自己獨立生活，直到晚上上床睡覺。由受過專業訓練的看護工為居住在社區自宅的老人洗澡及提供家務工作，是解決這個問題的最好方法。

11.休閒娛樂：接受家庭照顧計畫的老人不能或是不願參加日間照顧中心，或其他的社交活動，那就需要有特別的活動來維持他們的娛樂。如活動的圖書館，及藝術和手工藝活動都是有益的。居家服務應該為這些老人直接組織一些日間旅行、訪問教會，或是其他的社會活動；或是透過自願工作員來作類似的安排。協助老人計畫一個合適的假日也是一個重要的服務。

12.安全通報：衰弱的老人在居家安全方面的需求也越來越強了。如緊急呼叫系統、無線發報器，非常有助於老人在意外事故時，得到緊急救助。

13.交通利用：由於老人大多缺乏移動的能力，公共交通工具的可接近性不足。居家服務必須能協助他們保持必須的移動能力，這些服務必須作合適的規劃，並且社會各界也應設計開發合適的福祉車提供老人方便使用。

14.復健治療：在家中生活的老人，都有一種以上的慢性病痛需要治療或復健服務。擴大照顧計畫的訓練應該包括廣泛的治療服務。

15.其它福利：有關住宅、財務、家庭關係，及其他福利問題

方面的協助，都是居家生活老人所需要的服務。

因此，以家庭為基礎的福利服務，在建築設計及科技輔具的部分，居家修繕是相當重要的一項工作。政府相關的修繕政策，包含費用補助、專業介入、融資貸款、設立研究開發機構等等，都可以做為全面性、有效提高老人居家生活的可能性。目前改善老人住宅的政策是中低收入老人住宅修繕補助，其標準為(1)補助改善老人自有或租借之（自申請日起最少三年）現住房屋之屋頂防水、衛浴安全扶手、防滑地板、浴缸、抽水馬桶、廚房（煙霧探測器）、臥室照明、排水等硬體設備之不堪使用者。(2)每戶最高補助十萬，三年內不得重複申請[14]。由於限制老人經濟狀況方得獲得此補助，也造成此政策與落實老人在地老化的目標形成落差。

第五節　結語

本文主要基於老人特質，之於建築空間及科技輔具的原理，將對於老人居住環境之內外在環境，如老人常發生傷害的臥室、廁所、廚房等區域的設計，應加強配合建築材料、輔具及日常生活用具的設施提供，增強老人居住之安全；整體的都市建築，包括道路、通道、電梯、樓梯、住宅、醫院、公共建築物等設施的規劃等，進行相關的介紹與分析。

老人於居家居住時，如無失能問題，居家老人比較不在乎家庭的設施設備是否需要改善；有失能問題產生時，或是配偶有相關

---

[14] 本補助是依據老人福利法第三十二條第二項所訂定之要點，然而主管機關是地方政府，也因此補助金額各有不同，有的上限是十萬元，有的縣市則為五萬元。

問題時，居家設施設備的改善就變得十分重要。當居住於透天房屋時，樓梯的改善、衛浴設備的改良是比較重要的部分，而住在電梯大樓者也比較沒有大的影響。經濟的考慮也很重要，房屋修繕的支出常常成為一筆不小的負擔，使得老人在考慮是否要動工修繕時，有經濟因素的考量。居住機構的考慮點在於現居機構是否符合安全、無障礙設施是否完備。機構的設施適當與否，老人在使用上很容易就可以加以區辨。因此，機構在建造時如能直接建造為老人專屬住宅，並符合相關之規範，可以避免由其它用途改建為老人住宅的一些不適用機構設施的情形產生。至於失能與非失能的考慮，在這些機構而言如果設施得當，似乎發生問題的情況會減少許多。而內部科技輔具的設施也很重要，也必須與建築設計互相配合。

　　我國長期以資產調查做為福利發放依據，在輔具補助及老人居家修繕補助二者均依此思考模式辦理，面對近貧或未達身障標準之老人，其福利需求之協助不足，宜儘速因應修正。

參考文獻

一、中文部分

王世俊、林麗嬋（2000）。《老年護理學》，台北：匯華。

王晶譯（2000），Peter G. Peterson著。《老年潮》，台北：聯經。

王順民（1999）。《社會福利服務：困境、轉折與展望》，台北：亞太。

古賴敏（1994）。〈日本老人住宅設計之研究〉，《營建季刊》，第五卷第一期，頁46-56。

朱佩蘭（2001）。《安老與社會工作》，香港：香港中文大學。

李瑞金（2000）。〈老人居家照顧的意涵〉，《厚生雜誌》，第十一期。於http://minho.show.org.tw/hwe/magazine/11/mz_11-e4.htm

呂寶靜（1995）。〈尊嚴和自立的老年——老人福利政策的目標〉，《政策月刊》，，第五期，頁6-7。

林萬億等著（1999）。〈我國推動福利社區化的省思：從英國社區照顧政策的發展出發〉，《台灣社會福利的發展：回顧與展望》，台北：五南。

呂寶靜（2001）。《老人照顧：老人、家庭、正式服務》，台北：五南。

吳淑瓊、呂寶靜、盧瑞芬等（1998）。《配合我國社會福利制度之長期照護政策研究》，台北：行政院研考會。

金　桐（1998）。〈政府獎助興建之老人公寓設施、設備現況探討：高雄縣崧鶴樓台南市長青公寓〉，《屏東科技大學學報》，第七卷，第二期，頁171-186。

涂玉山（2001）。《大高雄地區中老年人對老人住宅分析及老人住宅行銷策略之探討》，義守大學管理研究所碩士論文。

陳建志（1999）。〈因應高齡化社會的住宅設計指南〉，《工業設計》，第二十七卷第二期，頁97-102。

張　彧（1997）。〈老人居住環境安全設計與無障礙設施〉，《福利社會》，第六十三期，頁7-10。

曾思瑜（1996）。〈無障礙環境的理念與台灣建築層面的規範〉，《國

立雲林技術學院學報》，第5卷第2期，頁107-117。

曾思瑜（1997）。〈台灣高齡者住宅環境的現況和問題點〉，《中華民國建築師雜誌》，第二十三卷第一期，頁92-95。

曾思瑜（1998a）。〈日本公營高齡者入居設施〉，《空間雜誌》，第一百零四期，頁26-29。

曾思瑜（1998b）。〈高齡者住宅——居住設施體系的變遷〉，《空間雜誌》，第一百一十一期，頁84-89。

曾思瑜（1999）。〈痴呆症老人居住設施〉，《空間雜誌》，第一百一十九期，頁65-69。

曾思瑜 （2000）。〈高齡者自立互助住宅〉，《空間雜誌》，第一百二十九期，頁97-106。

曾思瑜譯，林玉子著（1997）。《經營一輩子的家》，台北：胡氏。

曾思瑜、林昌明（1997）。《高齡者療養設施的生活空間設計與規畫研究》，行政院國科會成果報告。

曾思瑜（1997）。《高齡者居家生活安全設計規範研究》，內政部社會司。

黃耀榮（1996）。〈台灣地區高齡者靜態人體尺度計測分析〉，《建築學報》，第十九期，頁101-125。

黃耀榮（1997）。〈老人人體計測應用於休閒環境設施尺度建構之探討〉，《建築學報》，第二十三期，頁129-144。

鍾朱炎 （2000）。《為老年人設計的福祉設施：以老人生活簇群及空間需求之設計規劃研究》，長庚大學管理學研究所碩士論文。

關華山（1996）。《台灣老人的居住環境》，台北：田園城市文化。

二、英文部分

Coughlin, J. (2001) Technology and the Future of Aging. *Journal of Rehabilitation Research and Development, Supplement*, 38(1): S40-S42.

Poulson, D., & Richardson, S. (1998) USERfit- a framework for user centered design in assistive technology. *Technology and Disability*, 9: 163-171.

Pynoos, J. Tabbarah, M. Angelelli, J., & Demiere, M. (1998) Improbing the delivery of home modifications. *Technology and Disability*. 8: 3-14.

Raschko, B. B. (1991) *Housing Interiors for the Disabled and Elderly*. New

York: Van Norstrand Reinhold.

Rosenberg, M., & Everitt, J. (2001) Planning for aging populations: inside or outside the walls. *Progress in Planning*. 56: 119-168.

Stone J. H. (1998) Housing for older persons: An international overview. *Technology and Disability*. 8: 91-97.

Tabbarah, M. Silversteim, M., & Seeman, T. (2000) A health and Demographic Profile of Noninstitutionalized Older Americans Residing in Environments with Home Modifications. *Journal of aging and Health*, 12(2): 204-228.

第五章
老人休閒活動與自我認同之探討

高菁如　桃園縣芭里國小教導主任
陳燕禎　元智大學社會暨政策科學學系副教授

第一節 前言

　　隨著時代的進步，國人的休閒旅遊風氣日益盛行，近年來國內外在休閒研究層次亦不斷擴展與提升，對於老人人口之休閒議題已開始有所探略。台灣地區自1993年底，65歲以上的老年人口即已達到「高齡化社會」的標準，在2008年底，65歲以上的老年人口數已突破全國總人口數的10.43%（2,402,220人）（內政部統計處，2009），顯示台灣地區人口老化情形急速上升，因此高齡老人已成為我們社會上一個主要的人口族群。高齡人口急速的增加，老人應如何去調適及安排其老年生活，是我們必須正視的重要課題，而人口老化的現象是目前已開發國家所需面臨到的問題，其所帶來的老人照顧問題更是一大衝擊（陳燕禎，2005a）。因此，如何使退休老人能活得老且活得好，有待我們更進一步去瞭解、探討與研究。人在退休之後若沒有積極的為自己規劃退休生活，退休後的生活即失去重心一般，尤其在人老退休之後，有著比別人多餘的時間可以運用，透過完善的人生規劃、適當的參與休閒活動，相信可以讓老人發展人際、運動健身，過個愉悅且健康的晚年生活。本研究排除因疾病或身心狀況不佳導致無法自由參與活動的老年人，以目前參與活動的老年人為對象，瞭解其休閒活動參與類型與自我認同的關係，期待藉由本研究的進行，提供學術上與實務層面之參考。

　　休閒活動已成為現代人生活上不可或缺的一部分，尤其是對老年人而言，休閒活動更是其延年益壽、生活康樂的原動力。因此，本研究擬以退休老人為研究對象，為了解退休老人在不同的個人生活背景、不同休閒活動的參與型態下，老人們的自我認同情形，並探究不同的休閒參與對其生活之影響。本研究目的如下：

(1)了解退休老人休閒活動參與和自我認同的實際情形；(2)探討不同背景之退休老人在休閒活動參與的差異情形；(3)分析並建立不同休閒活動之參與型態和退休老人自我認同的模式。

第二節　自我認同與老人休閒

　　本研究的研究對象為以退休之老年人，先做自我認同概念之探討，再探討老化與老年人之休閒活動，並將老人的相關理論及文獻做一探討，以強化及佐證本研究的理論基礎與架構。

一、自我認同概念之探討

　　Marcia（1980）認為是一個自我建構（self structure），代表一種自我存在的狀態，也是個人的一種驅力、信念、能力等內在自我建構的動態組織。Mahoney（1990）曾指出，在20世紀心理學最重要的發現便是「自我」（self），「自我概念」是個人對其行為、能力、個人價值感所持有的態度、判斷與價值，及個人對自己的知覺與評估（吳淑珠，1998）。在社會化的過程中，個體經由家庭、學校、同儕團體的互動或接收社會文化的標準，了解他人對自己身體外表的評價，將其內化為對自己的態度，而影響到個人對自己的看法。個人對自己身體的感覺和對自我的感覺是相對應的，個人的身體形態經由他人的描述與評價，形成個人身體意象的架構，影響自我概念的發展（Staffieri, 1967）。自我概念是指個人對自己多方面知覺的總和，其中包括個人對自己性格、能力、興趣、慾望的了解，個人與別人和環境的關係，個人對於處理事物的經驗，以及對生活目標的認識與評價等（張春興，1988）。

Fitts（1965）將自我概念分為內在架構和外在架構兩部分：內在架構包含自我認同、自我滿意或接納和自我行動等三部分，外在架構包含生理、道德倫理、心理、家庭和社會等五個自我（引自周佑玲，2002）。從心理學的觀點來看，Erikson 認為自我（self）與自我認同（ego identity）的差別在於社會互動層面。自我是個人對自己的反省、知覺和自我認知的總合，它可能是經由社會比較或未經社會比較的；而自我認同是一種內在心理的自我展現，而且是依照個體與某些群體社會的關係來界定自我，因此它不僅是一種結構、一種經驗、也是一種個人內在與外在社會相互的關係（蔡佳琪，2002）。 由此我們可以得知，自我認同為涵蓋於自我概念之下的一環，一個退休老人若能對自己有滿意的自我評價，則他必能對人生抱持著正面且積極的態度，也能信心十足的參與各項活動，並勇於面對自己，為自己開創美好的晚年生活。

二、老人生活與社會學理論

社會學對老年人社會生活的理論相當多，也相當零碎。其理論基礎大多數係以個人在社會裡的角色地位的研討為出發點。社會學家相信，老化雖然是一個心理退化的自然現象，但是社會結構對老化現象的影響仍然是相當大的。研究者整理蔡文輝、徐麗君（1985）、周家驊（2000）、陳燕禎（2008）老人社會學的相關理論，做為本研究進行之理論分析架構。社會學常見的老年理論為：活動理論（Activity Theory）認為退休者和一般人一樣，仍具有正常的心理和社會需求，所以，退休者在喪失社會角色及社會網絡逐漸減少之下，會使其從社會關係中撤離。此時，只要老人仍有活力，且願意積極參與社會活動，老人仍可和年輕時一樣活躍。撤退（隔離）理論（Disengagement Theory）認為，老年問題之所

以存在是因爲社會上握有權勢的團體不願意改變其既得利益，置老年人於不顧。換言之，老年問題乃因爲年齡階層裡，權利不均等分配的結果。老年人代表一個受壓榨的團體，需與非老年團體鬥爭，以改變其地位。連續理論（Continuity Theory）認爲人生是個連續發展的過程，個人的人格特徵與行爲型態會保持某種程度的穩定與一致性。所以，主張個人在老年期參與社會活動及社會關係的型態只是反應其在青年期的生活型態。衝突理論（Conflict Theory）認爲老年問題之所以存在，是因爲社會上握有權勢的團體不願意改變其既得利益，置老年人於不顧。換言之，老年問題乃因爲年齡階層裡，權利不均等分配的結果。老年人代表一個受壓榨的團體，需與非老年團體鬥爭，以改變其地位。功能學理論（Functionalism Theory）相信社會裡的每一個部門或單位都是有其存在的價值，也就是功能的。從功能學的立場來看，老年人對於社會最主要的功能在下一代的社會化。老年人屢經滄桑，累積長期經驗，亦是文化的播者，因此下一代的社會化過程裡，老年人擔當很重要的任務，他們傳遞文化，且持續不斷的綿延下去。

交換理論（Social Exchange）指出，社會關係是一連串的社會交換，當社會行動者認定行爲所帶來的獎賞勝過付出的成本時，行爲才會繼續。老年人與社會成員的互動中，在強調「取」與「予」之下，顯然老年人較缺乏可以用來交換的價值，毫無利潤可言。因此，雙方互動就少，老人在社會受到冷落，所以退休後的問題也因此產生。形象互動論（Symbolic Interactionism）人與人之間的互動是依賴形象的運用及互動雙方新形象的解釋和判斷，老年人的互動自有其一套形象的解釋和判斷方式，要想了解老年社會就要先了解他們的形象互動方式。社會生物學（Sociobiology）觀點，老年人已不適合於生存競爭的要求，因此社會不應加以扶持，應讓老年人自然淘汰，因爲這才符合生物進化的原則。換言之，老年社會福利

是不必要的，是違背自然的。次文化理論此理論認為同一類屬的成員，彼此間所發生的互動機會較其他不同類屬的成員所發生的互動來的多，次文化因而產生。老年人口逐漸成長，造成老年人為非老年全體所刻意忽視，於是乎老年人增加其與退休老年人互動的機會，因此形成老年次文化體系。

三、老人參與休閒活動的相關研究

一般而言，人們參與活動的意願與情緒發展是有密切相關的，也就是說，人的活動常常是受個人情緒控制的，當個人有好情緒時，就會產生好的活動精神，也就會願意去參與各項活動，因此情緒的疏導與鼓舞，是激發人們參與活動的誘因。所以，在安排老年人的休閒活動之前，我們尤其應先研究如何提高他們參與的情緒與意願（徐立忠，1995）。

根據分析老人的社團參與情形和老人生活滿意關係研究報告中顯示，90年代台灣地區老人的社團參與比例並不高，而所參加的大致也是傳統性的社團活動。不過，研究發現多參與社團活動的老人，對生活滿意程度比較高。也提出兩項建議來加強老人社團活動之進行：(1)檢討現有各種老人社團活動。去除不受歡迎者，並增設老人需要的活動；(2)採取主動邀請的方式，以提昇老人參與社團活動的比例（陳肇男，1999）。積極活力型的老年人，在優質的生活環境中，透過參與各項休閒活動及適當的課程等，能夠更加認識自我及實現自我，且擁有最高的幸福感（許忠信，2003）。此外，活動型老人對生活感到滿意，其所參與的休閒活動的以民間組織團體最多，參與頻率以每週1-2次最多，每次參與休閒活動的時數約二小時，參與種類以健身類最多，顯示休閒運動參與的成效良好（吳郁銘，2004）。退休事件對於老人在生活適應、心理調適

與社會關係上均有很大的影響，在研究中顯示，外向人格與休閒活動的參與，對於退休老人的生活滿意度及幸福感皆呈現顯著正相關（邱翔蘭，2004）。

二十世紀人類社會最大的成就之一，就是死亡率的降低與預期壽命的延長，預期壽命的延長本來是一件人類值得引以為傲的事，但若沒有足夠的生育率以維持年齡結構的平衡，勞動生產力將會老化。然而更重要的問題是，長壽並未必帶來「長健」的生活品質（陳燕禎，2008）。現代人所追求的生活並不只要活得長久，還要活得健康有活力，更要能享受生活，因此近年來許多國家的都積極鼓吹全民參與休閒活動，針對不同年齡層、不同背景的人，有各種不同的方案設計與推廣策略，藉此帶動老年人參與休閒活動的風潮，故重視人民的休閒活動是先進國家發展的趨勢。在未來人們接觸更加頻繁的社會裡，休閒活動多元化的加強是必然的趨勢，我們相信，生命必定不斷有源頭活水，充滿趣味與生機，「健康終老」是我們追求的目標（陳燕禎、謝儒賢、施教裕，2005b）。我們期望透過休閒活動的參與，提供生活調適的機會，使老人可以豐富其生活，使其個人的身心得以舒展，更可提供老人自我實現、體驗生活經驗，調適自我並促進個人之成長，讓老人得以安養一個舒適、健康的晚年休閒生活。

綜上所述，休閒活動儼然已成為現代國家發展的一項指標，尤其在已開發國家，休閒生活的風潮如滾雪球般的捲來，休閒活動已是生活中不可或缺的一環。本研究在個人背景方面，以性別、年齡、已退休年數、婚姻、職業、教育程度、宗教信仰、經濟狀況等，做為研究的變項。在自我認同的評量方面，對於老人參與休閒活動和其生活滿意度及自我認同研究等，選擇生活滿意程度、自我成就、社會疏離感等三個層面來作為研究訪談內容的依據，期望以此概念下，在訪談時能夠獲得受訪者真實的內心感受，進而轉化成

研究結果，對老人參與休閒活動的形式提供具體意見，讓老人在健康舒適的環境下可以選擇個人喜愛的休閒活動。

第三節　研究方法與研究概念

　　本研究旨在探討退休老人的休閒生活參與和自我認同之關係，依據研究動機、研究目的及文獻探討，並參考相關研究工具之後，訂定本研究之設計與實施。

一、研究方法

　　本研究為了深入探討退休老人在參與不同的休閒活動模式後，主觀表現出自我認同觀感的程度，因此研究者擬採用深度訪談法為研究工具，主要是希望藉由與受訪者面對面的接觸，在訪問的過程中獲得受訪者對參與休閒活動議題之個人經驗與自我認同，並隨著各人不同的經歷、受訪的情境以及本人不同的談話內容，對隨時可能會出現的經驗話題，將以追根究底的提問方式，對出現的對話予以更進一步的挖掘與澄清，以期能得到有關受訪者深入且完整的個人經驗資料與觀點。

二、研究範圍與對象

(一)研究範圍

　　老年人口族群和需求以日趨複雜化，從縣市的老人需求調查

研究結果發現，不同生態、族群和身心功能的老人其需求和問題的差異性大（謝登旺、陳芬苓，2005；陳燕禎、黃志忠，2006），因此老人需求與照顧問題的深化研究益顯重要。桃園縣年滿65歲以上之老人，其比率有逐年上升，於2008年底已達8.05%。故本研究以桃園縣爲研究範圍，並以桃園縣65歲以上的退休老人爲研究對象；研究內容重點以探討退休老人在休閒活動的參與和自我認同的關係，並探討在個人生活背景的差異之下，影響退休老人休閒活動型態的選擇，及其對於自我認同的關係。

(二)研究對象

　　本研究之受訪者選取標準爲年滿 65歲以上，目前已無工作（全職或兼職），且主觀上認爲自己已經是退休的老人。受訪者來源係以加入桃園縣各鄉鎮老人會或退休人員聯誼會之退休老人，同時已經有參與休閒活動團體的老人爲主要樣本來源，研究者以經過聯繫確定其受訪意願，以已退休並願意接受訪談之15位退休人員爲研究對象，透過深入訪談的方式，以驗證文獻檢閱結果。樣本特性分析，見**表5-1**。

　　表5-1中的編號，W代表女性，M代表男性，由表中我們可以看出此次訪談，男性略多於女性，受訪者的年齡未滿70歲有4位，70歲到79歲有11位，80歲以上有1位。在連繫的時候，研究者並非刻意訪問較年輕的老人，而是有些老人原本約好，卻又臨時覺得靦腆害羞而不願意接受訪談，研究者顧及感受不去勉強他們而再另尋受訪對象；同時也顯示受訪者的先前職業採樣較平均，而大家所參與的休閒活動也不盡相同，其休閒活動內容涵蓋運動健身、服務志工、家政學習、養蘭等，訪談時並發現有些受訪者爲自己同時規劃多樣化的休閒活動。

表5-1　樣本特性分析

編號	性別	年齡	退休前職業	已退休年數	婚姻狀況	教育程度	宗教信仰	經濟來源	健康情形	目前參加團體
W01	女	71	工人	15	已婚	國小	一般	配偶的終身俸	還不錯	太極拳協會楊梅區埔心組
M02	男	70	國小主任	5	已婚	大學	一般	退休金與子女供應	非常好	早起會：回春醫療健身操
M03	男	70	工程師	8	已婚	專科	佛道	積蓄	非常好	松柏會
M04	男	65	國小主任	8	已婚	大學	一般	退休金	還不錯	獅子會
M05	男	67	國小校長	2	已婚	大學	一般	退休金	還不錯	外內丹功運動協會
W06	女	72	冰品批發商	20	已婚	高等教育	一般	房租收入積蓄	還不錯	社會大學服務志工
M07	男	78	郵局科長	13	已婚	專科	一般	退休金	非常好	四季早泳會
M08	男	71	國小校長	6	已婚	研究所	一般	退休金	非常好	童軍
W09	女	70	國小教師	6	已婚	大學	一般	退休金	非常好	元極舞
M10	男	73	上校	18	已婚	專科	一般	退休金	非常好	太極拳社
M11	男	73	台鐵員工	13	已婚	高中	一般	退休金	非常好	早起土風舞
W12	女	86	務農	20	喪偶	不識字	一貫道	子女供應	還不錯	家政班
W13	女	70	賣早點	10	已婚	國小	一般	子女供應	非常好	早起土風舞
M14	男	68	務農	15	已婚	高中	道教	自己積蓄	非常好	高爾夫球俱樂部
W15	女	67	工	7	喪偶	專科	一般	退休金	非常好	養蘭協會

資料來源：研究者製作。

三、研究概念

　　根據本研究之研究問題與綜合文獻探討的結果，提出本研究參考概念。本研究參考概念邏輯為：以個人背景因素包括性別、年齡、退休前職業、家庭支持度、健康情形、經濟來源以及個案自我覺知程度；在團體背景因素方面包括團體的成立時間、實際運作情形、活動項目、團體成員數以及被社會認同程度；在自我認同方面的探討，研究者將其分為自我成就感、生活滿意度及社會疏離感三部分，探討退休老人參與休閒活動型態後對其自我認同的影響，最後歸納出退休老人參與休閒活動類型對於健康之改變。

第四節　老人休閒活動與自我認同關係之建立

　　在本研究中，研究者在蒐集到原始資料後，先將受訪者的基本資料做成樣本分析表，以便在之後分析問卷內容時能夠對應之用。接著是將15段訪談錄音打成逐字稿，並依照問卷設計的脈絡做一粗略的分類，之後便開始不斷地重複閱讀每位受訪者的訪談資料，嘗試去發現他們的休閒活動與自我認同之間的關係，同時試圖將訪談所得與老化理論相連結，並且建構出適合退休老人休閒活動的模式。

一、樣本背景特性分析

(一)家庭支持度

在訪談結果中，發現受訪者參與休閒活動，受到家庭支持度是百分之百，顯示現代人雖然終日為家庭生計而奔波，然而他們對休閒活動是極為重視的。因此，儘管年輕人忙於工作，沒有時間陪伴家中的退休長者，但透過不管是精神支持還是物質協助，他們都非常希望家中長者能多參與休閒活動藉以活絡身心、保持健康，當這些長者需要幫忙的時候，這些子女們都會展開雙臂，給予最大的支持與協助。

> 「當然支持啊！我們家是開服飾店的，平時我會幫忙看店，當我出去參加太極拳活動的時候，就由我媳婦看店，我是太極拳協會的幹事，常常需要幫忙打一些資料，我老人家眼睛不太好，所以有些時候，我把計畫或名冊擬好，孩子們或小孫子們就會幫我用電腦打字，讓我處理事來更方便」（W01）。

除了子女的支持之外，另一半的支持也是相當重要的。有受訪者表示，他之所以可以無後顧之憂的積極投入它所喜愛的休閒活動，主要原因是另一半再背後默默的為他打理一切，使他心存感謝。因為家人的支持，我們可以發現退休老人在從事休閒活動時所展出來的熱情與活力，也看的出來他們對生活的滿足感及對生命的熱力，尤其看到高齡86歲的受訪者（W12），在與我做訪談時，媳婦雖是在一旁做裁縫，但是當老婆婆的客家語和我的國語在一些特定詞彙無法接軌時，媳婦會自動向婆婆解說我的意思，他們之間的

互動情形，即便是一個關懷的表情、一個扶持的小動作、一段小小的婆媳對話，都可以感受到那種家人支持的感覺是十分溫馨的。

(二)健康情形

根據訪談資料顯示，受訪者均認爲自己的健康情形均還不錯，而且是多數受訪者都認爲自己目前身體狀況皆處於佳境，這表示儘管他們年歲已大，他們認爲他們在參加休閒活動對他們的身體健康情形相當有幫助，不但可以保養身體，還可以改善身體原有的痼疾、同時可以讓自己的精神常保持最佳狀態，連脾氣都能改善不少。

「我的身體本來覺得還好，練了外內丹功之後，我覺得對我的身體上改善很多，就連精神、脾氣等各方面都變得很好，我發現練內外丹功可以讓我身體各處機能活絡，譬如說在五官的保養、心臟機能、高血壓方面等都維持的很好。比起退休前，覺得現在做起事情來比較有精神，而且不會累，同時讓我更有衝勁的感覺」（M03）。

有些受訪者認爲自己目前身體健康情形還不錯，同時他們認爲參與休閒活動可以讓自己的身體健康機能維持一定的水平。他們認爲以一個年紀70的老人而言，身體健康情形本來就無法和年輕時候相比，但是由於他們有參與休閒活動，天天都在動，正所謂的「活動活動、要活就要動」，因此，身體機能在健康情形要走下坡的這個階段，依然可以保持良好狀況，並減緩健康情形下降的速度。

「我都七、八十歲了，說實在的，跳舞它只能說可以讓我的身體狀況維持一定的程度，不會往下墜的很快，其實這樣就夠

了。至少，退休這麼多年，我的身體健康情形還不錯，我覺得這就是平時運動的成果」（M07）。

綜而言之，研究發現參與休閒活動對退休老人健康而言，是非常有助益，不但可以延緩老化的發生，更可以積極的帶動生命的熱情，因此我們應該多鼓勵老人參與不同的休閒活動，讓老人們再度享受生命裡的春天。

(三)經濟來源

退休後主要的經濟來源以自己或配偶的退休金爲主的最多，其次是子女供應，再則是自己多年積蓄。研究者認爲擁有經濟自主能力者參與休閒活動能力也較高，同時較能依自己的需求選擇自己感興趣的休閒活動，相對於經濟依賴者在選擇休閒活動時就比較有限制，因此其參與的休閒活動就相對較少，他們會選擇比較不需費用的團體，例如外丹功協會、太極拳、自發功、香功等。

(四)個案自我覺知程度

絕大部分的受訪者都談到他們會參加休閒活動是受了親朋好友的影響，由於他們的邀請或介紹，受訪者開始接觸休閒活動並感受參與休閒活動對自身的益處而持續參加。

「朋友一直邀我參加老人會，退休後我就真的加入老人會，到現在大概有4年了。因爲別人一直來邀我去，我也不好意思不去，想想去有伴也好，於是就加入了，老人會常常舉辦一些活動，像長青運動會、定期戶外旅遊、定期聚會，參加之後感覺還真不錯」（M02）。

　　有受訪者表示他參加休閒活動是因為當心情煩悶不知道如何解悶時，好友會告訴他減壓的方法，他是基於想要舒解壓力會聽從朋友的建議去參加。也有受訪者看到自己的另一半因為加入休閒活動團體（康輔活動）之後變得心情愉快，所以他也抱著姑且一試的心態，跟著去參加，沒想到不跳還好，越跳愈入迷，如今已是舞林高手在訪談中也發現，受訪中之所以參加休閒活動若是基於興趣者，一參加休閒團體就達四十年之久。

> 「我從民國54年開始開始參加童軍，到現在也42年了喔！民國46年我初任老師，在48年左右我就參加救國團活動。因為當時年輕，只要有可以玩的地方我就去，愛唱唱跳跳的我，在團裡就負責唱跳活動。那時候進入救國團就等於開始當服務員，就像現在稱呼的康輔人員。…童子軍活動在桃園縣積極的推展，我就參加桃園縣第一期的木章基本訓練。受訓時，我看到老師在帶活動時，他們一個接一個的輪替著帶，我感覺到他們教學活動很有默契，而且氣氛很好。因此在我第一期受訓後，第二期我就開始服務了，……」（M05）

　　由於受訪者的個性或想法使然，他們會投入自己所喜歡的休閒活動，不管是悠閒的種植花草、或是蹦蹦跳跳的帶領活動，他們對於自己所參加的休閒活動有一份熱誠，並且持續不斷的做，像受訪者（M05）在訪談過程中，舉手頭足中充分展現他對童軍活動的熱愛，從他年輕帶團開始，他便完全投入其中並且享受其中的樂趣，這樣的休閒活動的參與讓年已近70的他，仍然保有一顆赤子之心。

　　綜而言之，由受訪者的言談之中可以發現，不論他們參加休閒活動的初始是因朋友邀約、因緣際會看見別人在做而心動、或是因自己的興趣使然，他們一旦參加之後，都會很用心的去經營屬於

他們的休閒活動。基本上我們可以看出他們參加休閒活動之後，受到家人的肯定與支持，也讓自己的健康維持一定的水準。

二、受訪者參與之團體背景分析

本研究之受訪者參與之團體背景包括：該參加團體的活動項目、成立時間、團體成員數、實際運作情形、被社會認同的程度，研究者將根據這些資料用以分析受訪者參與休閒活動時之自我認同與團體背景間的相關性。茲將訪談所得的團體背景資料分析，見**表5-2**。

表5-2 受訪者參與之團體背景分析

編號	目前參加的團體	成立時間	已參與時間	團體成員數	團體特性
W01	太極拳協會楊梅區埔心組	11年	11年	15人	養身
	早起會（回春醫療健身操）	10年	10年	34人	養身
M02	松柏會	8年	4年	717人	養心
	獅子會	23年	10年	3600多人	養心
M03	中華外內丹功運動協會	23年	8年	3900多人	養身
	社會大學服務志工	5年	8年	20多人	養空
M04	四季早泳會	23年	20年	400多人	養身
M05	童軍	近100年	42年	多到無法估算	養空
	元極舞	11年	2年	80多人	養身
W06	太極拳社	11年	15年	32人	養身
	早起土風舞	11年	11年	30人	養身
	家政班	16年	10年	40人	養靈
M07	早起土風舞	11年	11年	30人	養身
M08	高爾夫球俱樂部	7年	6年	數百人	養身
W09	養蘭協會	30多年	5年	100多人	養靈
M10	太極拳	19年	5年	30多人	養身
M11	四季早泳會	23年	10多年	400多人	養身
	養蘭協會	30多年	15年	100多人	養靈

（續）表5-2　受訪者參與之團體背景分析

編號	目前參加的團體	成立時間	已參與時間	團體成員數	團體特性
W12	中華外內丹功運動協會	23年	8年	3900多人	養身
W13	中華外內丹功運動協會	23年	10年	3900多人	養身
	土風舞	10年	2年	20多人	養身
M14	太極拳	19年	17年	30多人	養身
W15	社區土風舞	10年	3年	20多人	養身

資料來源：研究者製作。

(一)團體活動項目

　　受訪者根據自己的興趣、身體狀況以及親朋好友的邀約參與不同的休閒活動，有些受訪者同時參與二種以上的活動。根據15位受訪者的訪談資料顯示，他們所參與的休閒活動我們大致可以歸納成四大類，及養身、養心、養靈及養空。養身類就是一般的運動型休閒活動，包括打太極拳、做健身操、早泳、打高爾夫球、跳元極舞和土風舞、練外內丹功等；養心類休閒活動，例如松柏會、獅子會、，也有屬於涵養個人心靈的養靈類團體，例如家政班、養蘭協會以及願意付出一切，達到無私無我境界的養空類活動，如童軍、社會服務志工。這四類的休閒活動在在含蓋我們生活的基本需求。

　　在訪談資料中也顯示，同一性質的社團在同一地區也有許多不同的組織架構，就其原因是絕大多數的退休老人在選擇參與休閒活動團體時，交通也是一個很大的因素，研究發現老人通常選擇離家比較近的活動場所來作為參加的依據。「起初我跑到平鎮去學習，後來瑞埔成立太極拳，才離家近些」（W06）。有些團體是全國性的，不過它會在全省各處成立分會，因此它的知名度便會大大的提升，而加入的人也相對的提高，例如松柏會、老人會、外內丹功協會、童軍。在15位受訪者中，退休老人選擇的團體休閒活動，

其中以練太極拳、外內丹功、跳土風舞等運動型團體居多,其次是早泳和養蘭,這顯示退休老人對於休閒活動團體的參與,以運動健身者居多,這也表示退休老人在退休後,重視自己的身體狀況,並懂得如何去安排自己的時間。

(二)成立時間

在15位受訪者所參與的社團中,成立時間在十年以內的有松柏會、高爾夫球俱樂部;成立時間在10-20年之間的有太極拳協會楊梅區埔心組、早起會、元極舞、太極拳社、早起土風舞、家政班、太極拳、社區土風舞;成立時間在21-30年之間的有獅子會、中華外內丹功運動協會、四季早泳會;成立時間超過30年以上的有養蘭協會、童軍。

根據訪談結果顯示,休閒團體成立的時間愈久,知名度愈高,愈容易吸引大家參加。尤其一些運動類型的休閒活動常常都在公開場所活動,因此它們的曝光率就相對增加,因此成立時間愈久,活動情形愈多人知道,參與的人也就愈多。

(三)團體成員數

退休老人所參與之休閒活動團體,其團體成員數依其性質及活動場所規劃皆有所不同。根據研究者進行實際訪談所得,許多休閒活動團體其實在各地都有分會,分會之下還有許多教練場,像太極拳光在楊梅地區就有十多個教練場,而且師出不同人派別也不同,各分會成員間常有不定時交流,故成員數在穩定中求成長。研究者同時發現存在愈久的休閒活動團體,參與的人數愈多,也表示愈受肯定,也較為人所接受,像童軍存在已近百年,活動老少咸宜,參與人數難以估算且目前受到地方政府重視正積極推廣中。

「……，童軍團的成員我是沒統計過啦，到現在童子軍，服務員是越來越多……，全台每個縣市都有童軍團，我們桃園縣社區加學校團也有一、二百團，而且目前縣府也在積極鼓勵學校成立童軍社團。」（M05）

(四)實際運作情形

研究發現，像太極拳協會、松柏會、獅子會、中華外內丹功協會、四季早泳會、童軍、家政班、高爾夫球俱樂部、養蘭協會等，都有一定的組織規模。而根據對15位受訪者進行訪談所得，許多團體原本是沒有制度的，因此人員常常流失，建立制度後，會員對團體產生向心力，人數便慢慢增加了。「……，剛接老人會的時候，我發現沒有規章制度可言，每次要開會時大家都要來不來的，很散漫。因此在接下來之後，我費了一些心力，將該有的規章制度逐一建立。……我們經常舉辦一些活動，例如自強活動、戶外觀摩、趣味運動會、重陽敬老活動及慶生會等等，透過活動的舉辦及會員定期開會，原本流失的會員又陸陸續續回來，同時又有許多老人看到我們活動辦的這麼多又好，也紛紛加入，我感覺老人會變得很有向心力，……。」（M02）

(五)被社會認同的程度

一個團體如果不受社會認同，那它的存在便只是短暫性的，而且無法得到多數人的共鳴。從15位受訪者的所參與的休閒活動團體來看，它們成立的時間少則7、8年，多達近百年，它們的實際運作情形都有一定的制度可循，而且有固定的成員並常招收新血輪，因此我們可以看出大部分退休老人所參與的休閒活動都是受到社會認同的。

三、退休老人自我認同分析

自我認同是指經由休閒活動的參與，老年人對於自己的自我成就感、生活滿意程度等的正向差異情形，以及老年人對於自己的社會疏離感的負向差異情形。

(一)自我成就感

根據15份訪談資料顯示，退休老人參與不同的休閒活動團體時，當他扮演團體中的角色不同時，會產生不同的成就感。訪談時多數老人認為自己退休之後參與休閒活動時還能為人群服務，感覺到自己還有用處，他們覺得十分高興，愈做愈快樂；有老人認為自己的一技之長還能運用在休閒團體中，讓團體成長茁壯，覺得非常欣慰；也有老人在參與休閒活動時得到別人的肯定，也更加肯定自己。

「我目前是國家訓練營的訓練委員，也是訓練員，訓練員主要就是主導並規劃整個訓練課程，當然，我覺得這個跟馬斯洛講的人生需求是有關聯的。我覺得依我現在的角色扮演，應該是在那個最高層次的地方：自我實現的需求。身為國家訓練營的訓練委員，我可以實現自我，以及有被尊重的感覺。人都是受人家尊重以後才會珍惜自己的角色，所以要做的更好，對不對？尤其是我們童子軍義務服務員抱持的信念就是：人生以服務為目的。我們不會只為了爭面子啦、名義而努力。」（M05）

除了覺得以服務人群為榮以外，也有受訪者認為他參與休閒

活動最大的成就就是享受活動本身，因為他們覺得在退休以前已經把自己的全部都奉獻了，直到退休後才真正的找到自己的生活樂趣，因此他們認為參與休閒活動是一種生活享受。

綜而言之，參與休閒活動帶給退休老人的成就感是傾向正面的，大部分的老人都認為參與休閒活動時，讓他們感受到雖然他們已經從職場上退休，但是他們仍是有用的，因為他們仍有能力去服務人群並獲得他人的肯定，同時透過休閒活動，帶動他們的人際關係變得活絡，也讓他們真正的享受人生。

(二)生活滿意程度

退休老人參與休閒活動團體時，基本上他所參與的是一個他自己喜歡的團體，因此他參與其中，也樂在其中。根據15份訪談資料顯示，每個有參與休閒活動的退休老人，他們對自己的生活普遍感到滿意，因為他們認為退休前工作繁忙，即使有休閒，心情也無法像退休後參與時來的放得開；退休後參與休閒活動真正可以做自己想做的事，沒有時間壓力，心情開朗，日子過的既快樂又充實。

「退休後心情上的轉換，我覺得很好，因為我在做我自己想做的事，沒什麼壓力。其實在還沒參與之前，時間對我而言，我感覺它是壓力，我常常想著要如何在最短時間內要達成工作目標。現在退休了，我的時間由我自己規劃、安排，事情一項一項來，有規律，早上練外丹功，晚上定時去社會大學當義工，慢慢為大家服務，犧牲奉獻，我感到很滿足。」（M03）

「以前因為要賣早點做生意，時常清晨三、四點就開始準備材料，常常都在為生活煩惱。現在退休了，有時間為自己設想，心情上也不同了，參加了休閒活動之後，不僅精神變好、身體狀況改善，我覺得我心情也變得比以前開朗，不再鑽牛角尖

了。」（W13）

退休老人在談到參與休閒活動帶給他們最大的影響時，大部分老人認為是健康、交友、找到快樂、享受生活，以及讓心情祥和。因為多活動所以有精神，有精神便讓人感到有活力，有了活力整個人就輕鬆，心情輕鬆自然就會快樂，就會用心去體會生活、享受生活，無形中壓力減輕、氣血循環通順，身體健康，脾氣也變好，人緣也變好，朋友也跟著多起來了。

受訪者（M03）認為退休後參與休閒活動帶給他的影響是他學會善用自己的時間並充份規劃，在訪談時研究者發現他說話條理分明且不囉嗦的談話態度，讓研究者認為他處事是很有自己的原則。受訪者（M05）認為退休後參與休閒活動帶給他最大的影響是人要廣結善緣，他認為願意去奉獻就能感覺到擁有，這樣的生活體驗讓他心情平靜、生活愉快。

綜而言之，參與休閒活動帶給退休老人的生活滿意度是正向的，他們因為參與休閒活動身心獲得紓解，促進身體的健康情形，人際關係也維持良好，而在參與休閒活動的同時也相對的獲得快樂，並因此積極為自己的退休生活做完善的規劃，進而享受生活、締造美滿的人生。

(三)社會疏離感

當退休老人會參與休閒活動團體時，其實他就已經再度走入人群、不再孤單。因此研究者在進行訪談時，普遍而言，受訪者都談到他們因參與活動團體而認識更多各界朋友，人際關係變得更為寬闊，平時沒活動時，大夥兒也會互相到家裡走動，聊天解悶、閒話家常。因為有朋友的關係，人也跟著比較開朗，同時遇到困難時，有時還可以借助朋友的力量幫忙處理。

「加入太極拳協會後，我發現我的心情變得比較開朗，因為我交到許多朋友，可以閒話家常，自己也因為常運動身體也變得比較健康，還可以服務他人，所以心情當然愉快了。」（M01）

參與休閒活動時，有時也可以與多年不見的友好不期而遇，重建個人人際網絡，是一個重要的聯誼機會。受訪者（M05）就表示他與太太去參加元極舞，卻意外的發現一些親戚也同時參加，因此藉由參與休閒活動與經年不見的好友們的人際網路又搭上線而感到興奮。

「我發現有一個最大的好處就是可以『聯誼』啦，老人家總需要伴嘛，每天見見面喔。像我跑去參加元極舞，結果沒有想到，我妹妹住在那邊，我妹妹的婆婆也在那裡活動，所以說練習場就變成感情交流站，讓我多一條人際網路！以前我們那個年代不像現在，聯絡非常不方便，朋友分散在各地，不容易相聚。現在只要多參加些活動，就常會碰到一些老朋友，所以就是藉由這種方式聯絡感情也挺不錯的。」（M05）

不論是認識新朋友、或是連絡上老朋友，退休老人在參與休閒活動的同時，不但獲得自我成就感、提高對生活的滿意，他與社會的疏離感也降低，讓我們更加相信休閒活動對退休老人而言是深具意義的。

二、退休老人不同的個人背景與自我認同關係之差異

本研究經資料分析後，發現在不同的個人背景下，退休老人參與休閒活動後的自我認同有所異同，然差異性略有不同，茲分別

敘述如下：

(一)不同性別之退休老人自我認同情形

在比較不同性別老人自我認同差異情形，研究者發現退休老人對於能參與休閒活動基本上都是持正向態度，樂於去參加，參加後的心情也是非常愉快的。在受訪資料中顯示W01就談到她在太極拳團體裡擔任組長，由於常常有比賽必須幫忙寫名冊，但由於以前環境關係，只有國小畢業，字認識不多，所以經常在家中練字，也因此寫字變得漂亮多了，連孫子都稱讚，讓她非常高興，也更樂於幫忙做事。同時她在參與休閒活動之後結交到許多朋友，心情也變得開朗。

> 「自從擔任組長之後，我常常要幫忙寫名冊，寫不好看又覺得不好意思，所以我常在家裡練字，我孫子看到我寫的字都說阿嬤寫字寫得很漂亮，我心裡就覺得很高興……，心情變得比較開朗，而且又交到許多朋友，自己因為常運動身體也變得比較健康，還可以服務他人，心情當然愉快。」（W01）

其他四位女性雖然沒有擔任幹部，但是她們卻是樂在參與、享受參與休閒活動的快樂。像受訪者W09談到她之前是教師，教導小朋友雖然也有成就感，但總覺得有壓力，而她現在種菜和養蘭，覺得更是培養她耐性的契機，特別是她認為這樣恣意生活、隨性過活，才是真正的享受人生。

9位男性中有7位是擔任幹部，他們一致認為擔任幹部服務人群是一件愉快的事，尤其看到大家滿意，自己就更為滿意。如同受訪者M04所說，當上早泳會會長之後，他靠著個人智慧去面對問題並解決問題，同時運用智慧建立制度並為大家所認同，心裡當然是

欣慰的。又受訪者M05說，他覺得在團體擔任幹部，有自我實現及被尊重的感覺，因為受尊重，因此會更珍愛自己所扮演的角色，並且快樂去參與他所喜愛的活動。

> 「我必須運用智慧去面臨問題、解決問題，讓大家認同一項做法其實在剛開始時那是很困難的一件事，如今我歷任兩屆會長，把該建立的制度已大致完成，……，看到建立起來的制度為大家所認同，也看到自己參與的團體變得如此有制度，心情當然是欣慰的。」（M04）

> 「……我覺得這個跟馬斯洛講的人生需求是有關聯的。我覺得依我現在的角色扮演，應該是在那個最高層次的地方：自我實現的需求。身為國家訓練營的訓練委員，我可以實現自我，以及有被尊重的感覺。人都是受人家尊重以後才會珍惜自己的角色，所以要做的更好，……。」（M05）

綜上所述，不同性別老人，不管在自我成就感上、生活滿意度上以及社會疏離感方面等自我認同差異情形均不顯著，表示對不同性別的退休老人而言，他們參與休閒活動後的自我認同是正面的，因此鼓勵退休老人參與休閒活動對他們言是有助益的。

(二)不同年齡之退休老人自我認同情形

在15位受訪者中，年齡在65-70歲者計有10位，年齡在71-75歲者計有4位，年齡在86-90歲者計有1位。研究者在尋找樣本之初年輕的退休老人就佔較多數，年紀愈大的老人由於精神、健康等因素，出門參與休閒活動的人次相對少許多。根據研究結果發現65-70歲的退休老人的自我認同較為明顯，尤其是在規劃自己的休閒活動參與時。在10位65-70歲的老人中，對於目前的休閒活動都

很滿意，同時有可能的話，他們都還想嘗試不同的休閒活動。誠如受訪者M03所言，除了參與外內丹功，還規劃擔任社會大學的志工，只要有空就義不容辭的去做擔任志工工作。

> 「……，志工的時間在六點以前就開始，社會教育協進會還一直在做，差不多四年前開始投入，時間的規劃，第一個時間每個禮拜四都要去服務，是晚上的時候，還有譬如說，關係到中壢、平鎮市的大學，其他社會大學的時候，需要時間提早去的，我們都義不容辭，……。」（M03）

當談到有沒有什麼休閒活動是受訪者目前想參與的卻尚未參與的，研究者發現愈年輕的退休老人慾望愈高，像出國旅遊、打槌球、進修、學編輯、上教會、學電腦、學上網、學唱歌、學畫畫、練書法、做公益等等，研究發現這些退休老人對自己的生活是很期待的。

> 「我想趁現在多學點兒東西，比方時下年輕人流行的網頁製作啊，看到我孫子從國外寄一些網路圖片給我，我看了好喜歡，讓我也想去學一些與電腦有關的東西，像網頁製作、相片編輯等等。」（M04）
>
> 「平常我喜歡看看書，我每月定固定至少會讀一本書，興致一來也練練書法、畫畫，有機會的話，我也想做一些公益回饋社會，比方像慈濟掃街、資源回收等等，我覺得一定會是一件很有意義的事。」（M14）

從訪談中可以觀察出年輕老人和中老人因為歲數較輕，自我認同程度較高，參與活動面較廣；老老人因為年紀較長，因此顯得比較守成，只要目前的活動持續參與他們便滿足了。

(三)退休前職業不同之退休老人自我認同情形

退休前職業不同，表示其退休前職業地位不同。研究發現，退休前職業之差異會導致退休後經濟、健康、社會狀況不同。退休前職業地位較高者，例如軍公教人員，他們所累積的經濟資源相較於務農的退休老人來的佳，因此他們有錢又有閒可以參與較高的休閒活動，其所表現的自我認同程度相對就高；相反的，務農的退休老人平日經濟來源須靠子女奉養，想參與的休閒活動相對較減少，其自我認同的程度就較低。

(四)不同家庭支持度之退休老人自我認同情形

研究結果顯示，參與休閒活動的退休老人基本上都得到家人的支持，不論是精神支持或是物質支持，也因為家人的鼎力支持，老人參與休閒活動會更有活力、更有朝氣，因此家庭支持可說是讓老人維持高度自我認同的重要指標之一。

(五)不同健康情形之退休老人自我認同差異情形

研究發現參與休閒活動對退休老人健康而言，是非常有助益的。有多位受訪者就表示身體狀況原本不太好，但是參與休閒活動之後經常走動活動，身體狀況改善了不少，不但身體變好，心情也跟著好起來了。

「對身體上改進、改善很多，就覺得精神、脾氣，各方面都很好，譬如說在五官的保養、心臟機能、高血壓方面等都維持的很好。比起退休前，覺得做起事情來比較有精神，而且不會累，……。」（M03）

參與休閒活動使人身心得以獲得適當的紓解，因此我們應該多鼓勵大家參與不同的休閒活動，尤其是老人，多讓他們參與適當的休閒活動，更能留住健康、留住美好的晚年生活。

(六)不同經濟來源之退休老人自我認同差異情形

根據研究結果顯示，不同經濟來源之退休老人自我認同差異並無不同。靠自己退休金過日子的老人基本上經濟來源穩定，因此有能力參與休閒活動；靠子女的供給過活的老人雖然經濟較不能自給自足，但由於有子女扶養，故也有能力參加休閒活動，所以雖然經濟來源不同，但是參與休閒的退休老人其自我認同都是正向的。

(七)自我覺知程度不同之退休老人自我認同差異情形

在15位受訪者中，有7位受訪者在退休前就已經開始參加休閒活動，或因親朋好友的邀約、或因個性如此、也或許是機緣到來，他們開始接觸休閒活動，並感受到休閒活動對自身的益處而持續參加，使得他們的晚年生活既快樂又充實，是一種「福氣」的感受。

「參加太極拳社團一直是我的最愛，我在這個社團中認識許多的朋友，我非常的快樂而且有一種服務他人的成就感，我也不求什麼，日子能夠就好了，每天快快樂樂的出門運動，身體又能夠健康，這是一種福氣參加太極拳社團一直是我的最愛，我在這個社團中認識許多的朋友，我非常的快樂而且有一種服務他人的成就感，我也不求什麼，日子能過就好了，每天快快樂樂的出門運動，身體又能夠健康，這是一種福氣。」（W01）

有參與休閒活動的老人基本上它們自我覺知程度相對較高，對自己的退休生活也較懂得如何去規劃，因此自我認同就相對來得

高，所以我們應該多鼓勵老人參與休閒活動，一方面提高它的活動力增進健康，他方面藉以提高其自我覺知，妥善規劃自己的人生。

三、退休老人不同的團體背景與自我認同關係之差異

本研究經資料分析後，發現在不同的團體背景下，退休老人的自我認同有差異情形存在，剖析如下：

(一)團體活動項目不同之退休老人自我認同差異情形

根據訪談情形所示，退休老人依照自己的興趣及身體狀況等自己選擇不同的休閒活動團體，其所顯現的自我認同不因活動項目而有所差異，根據訪談結果顯示，受訪者對自己所參與的休閒活動，不論是自我成就感、生活滿意度均呈現正相關。

> 「參加童軍符合我的興趣，而且跟我的個性有關，我個人覺得我自己活潑外向，喜歡到處參加活動，童軍不但適合我，更滿足我的需求，同時也讓我從中學習與成長，因此我十分熱愛童軍。」（M05）
>
> 「其實我自己有充裕的退休金可以過活，衣食無缺，種菜和養蘭並不是我的工作，我發現植栽可以培養我的耐心，也讓我培養出興趣，同時讓我體會生命的奧秘，我樂在其中，……。」（W09）

我們可以由以上受訪者的談話看出，退休老人對於自己所參與的休閒活動大致抱持正向樂觀的態度，由於有這樣積極樂觀的態度，他們才會積極的參與，同時達到社交互動、知識探究、身心釋放的休閒生活。

(二)團體成立時間不同之退休老人自我認同情形

研究發現，團體成立時間不同與退休老人自我認同無顯著差異，意即退休老人參與休閒活動不應該社團成立年代久遠而有所差異。當老人加入該社團之後，他覺得在身心各方面均認可之下，則其自我認同程度就相對提高，若他覺得有無法適應之處，則可能會選擇退出而考慮加入其他團體。

> 「以前是有參加過媽媽桑的土風舞社啦，但是後來因為太極拳老師們有早上班和晚上班要我幫忙，漸漸的我就沒再去了，……。」（W01）

> 「……，有機會的話，我也想做一些公益回饋社會。我還在觀察，像慈濟給我的感覺好像還不錯，很正面，很健康，尤其他們做環保，讓社區乾乾淨淨這一點我很欣賞。」（M14）

其實退休老人也是很有想法的，他們會去觀察、會去衡量各種他們想參與的休閒活動團體，或因時間配合不到、或因交通不夠方便、或因與其他活動重疊而分身乏術，然而他們儘可能會去克服問題，找尋自己參與休閒活動的最佳模式。

(三)團體成員數不同之退休老人自我認同情形

根據訪談資料顯示，退休老人參與休閒活動團體成員數多寡，其所顯現的自我認同不因此而有所差異。受訪者對自己所參與的休閒活動，不論是自我成就感、生活滿意度均呈現正相關。訪談時同時發現，退休老人所參與的團體雖小，然而許多都是散落各地的小分會，平時他們不定時交流，例如太極拳協會、中華內外丹功協會、桃園童軍總會等等，各種團體經常不定時觀摩學習，促使大

家更具凝聚力。

(四)團體實際運作情形不同之退休老人自我認同情形

研究發現,團體實際運作情形良好,伴隨而之的是有一定的組織規模,而且參與的退休老人自我認同程度通常相對較高。因為組織有制度規章可循,可讓參與者凝聚共識,因而產生向心力,便會認同這個團體,團體中所有的事物也會熱心積極的參與。

(五)團體被社會認同程度不同之退休老人自我認同情形

研究發現,團體被社會所認同,則參與的退休老人自我認同程度相對較高。從受訪者所參與的活動社團看來,每個團體基本上成立時間都超過七年以上,同時他們都訂有規章制度,而且有固定的組織成員,所以基本上受訪者所參與的休閒活動是相當被社會認同的。

四、與老化理論對話

(一)與活動理論相呼應

訪談結果發現,老人在退休之後,不但熱心參與休閒活動,而且是走出戶外與人群接觸,這跟先前退縮理論主張大不同。先前一項針對老人休閒體驗和休閒參與程度之研究中,結果發現,老年人經常參與的前五項休閒活動依序是看電視、散步、看報紙、拜會親友或聊天、郊遊等,顯示先前國內老年人在休閒活動的選擇上,偏向以靜態性活動為主,根據研究結果發現,國內老年人在休閒活動的選擇上,轉向以晨間運動、園藝、聚會活動為主,這與老人活

動理論相符合。活動理論認為退休者和一般人一樣，仍具有正常的心理和社會需求，所以，退休者在喪失社會角色及社會網絡逐漸減少之下，會使其從社會關係中撤離。此時，只要老人仍有活力，且願意積極參與社會活動，老人仍可和年輕時一樣活躍，基於此種信念，老人退而不休，積極從事各種休閒活動，使人生更為充實。

(二)逆向操作的撤退理論

撤退理論的基本假設為：個人與社會間的疏離感經常發生，且是每個人都難以避免的現象，但同時也是成功老化所必須經歷的過程。支持撤退理論的學者，將老年人撤退的過程視為一種自然而然的適應，以符合整體社會平衡的需要，然而老人在撤退之餘，其風華在現在於休閒活動場所中將所學發揮的淋漓盡致。有行政經驗的負責行政工作，有企劃長才者負責活動規劃，大家各司其職，因此，活動雖不比退休前多，但基本上老人都能接受這種撤退的過程，並把注意力轉移在自己身上，老人得以尋回因過去工作上能力未及且樂意的休閒活動，以充實晚年。

(三)延續生命的連續理論

連續理論注重人類生命週期中，每一個階段代表的連續性，是以老人若維持其在中年時的嗜好、生活習慣等，將更能擁有成功的老年。人生的發展過程，老年是人生發展過程中最後的一個階段，有其適應的特性存在，我們應該順其自然讓它延續下去，而不必以人為方式來限制其各種活動。研究發現，許多老人並不是在退休之後才參與休閒活動，很多都是在退休前就以加入，退休後又持續活動。以連續理論來說，如果老年人能維持中年時期的積極態度和活動方式，不但可以促使老年時成功的老化，又如退休老人保持

退而不休的精神，持續社會活動的參與，除了可減低身體機能的快速消退，並能經由各項活動的參與，提高自我角色的認同感、生活滿意度和社會賦予的尊嚴。

第五節　退休老人之休閒活動模式

　　由資料顯示，受訪者的個人背景及團體背景皆具有多種特性，而受訪的退休老人所參與的休閒活動傾向以動態為主。就受訪的15位退休老人最常從事的休閒活動依次為晨間運動、園藝、聚會活動，此結果顯示退休老人比較偏向動態、小團體型態、能夠運動養身的休閒活動。而當研究者問及他們希望再參與哪些休閒活動時，受訪者的意願依序為旅遊、晨間運動、網頁製作、看書、進修、文書編輯、畫畫、唱歌等，此結果顯示退休老人在動態活動之餘，也想做一些靜態、個人、不需耗費太多體力的休閒活動。據此，研究者將適合退休老人的休閒活動類型如**表5-3**所示，分成四大類，包含健康型休閒活動、學習型休閒活動、娛樂型休閒活動、社會型休閒活動。依據此四大類型的休閒型態，建構出適合退休老人的休閒模式。

　　依據**表5-3**的老人適合休閒活動類型，建構如**圖5-2**所示之適合退休老人休閒活動模式，以退休老人參與休閒活動後獲得自我認同為主軸，發展出主要核心為健康休閒的概念，其理念在於期望透過休閒活動的參與，在自我成就高、生活滿意佳且社會疏離感弱下，退休老人對自我產生高度認同及肯定，以營造一個健康快樂的生活。

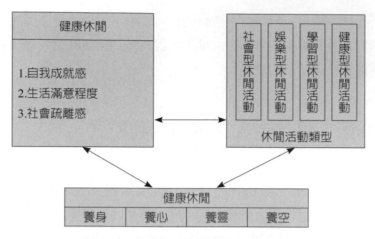

圖5-2　退休老人健康休閒活動模式

表5-3　適合退休老人的休閒活動類型

休閒活動類型	休閒內容	健康概念
健康型休閒活動	打拳、健身操、游泳、打拳、登山、散步、早起會、老人會…	養身
學習型休閒活動	學電腦、繪畫、書法、唱歌、手工藝、繪畫、插花、園藝、讀書、文書編輯…	養靈
娛樂型休閒活動	舞蹈、詩歌、音樂、動物飼養、旅遊、茶道、書法、看電視…	養心
社會型休閒活動	童軍、社會服務志工、法律諮詢志工…	養空

　　在健康休閒的核心架構下，研究者發展出養身、養心、養靈及養空等四個健康基本概念。健康型休閒活動屬於養身的休閒活動，舉凡打拳、健身操、游泳、打拳、登山、散步、早起會、老人會等都是；學習型休閒活動屬於養靈的休閒活動，像學電腦、繪畫、書法、唱歌、手工藝、繪畫、插花、園藝、讀書、文書編輯等都屬於這一類；娛樂型休閒活動則是屬於養心的休閒活動，它們涵蓋舞蹈、詩歌、音樂、動物飼養、旅遊、茶道、書法、童軍、義工等均屬之；社會型休閒活動爲養空的休閒活動，童軍、社會服務志

工、法律諮詢志工等及爲此類型活動。然而各類型的休閒活動相對於養身、養心、養靈及養空四個健康休閒概念其實也都有某種程度上的契合，退休老人在此以健康休閒模式下從事相關活動，期能得到對自我的肯定及擁有一個健康的銀髮生活。

處在強調新陳代謝、工商業發達的現代，提早退休的情形愈來愈普遍，退休老人的人口大幅成長，台灣社會老化已成爲一股不可抗拒的時代潮流，無可否認的，人年紀愈大，性格愈趨向兩極化，但事實上不論哪一類型性格的老人，其所表現的都只是一個共同心願，就是希望獲得親友、鄰居及社會的關懷與尊重，這是目前老人普遍性與迫切性需求（陳燕禎，1998）。再加上全球化環境「地球村」的觀念，工作的關係使老人與子女同住機會愈來愈低，生活獲得照料與個人能否自立相對重要，老人應體認這種時代改變的趨勢，與老年同儕們共同建構自主的生活環境，有效運用老本，多結交老友，與老伴相互扶持。因此，老人應於退休之前提早規劃自己休閒生活，同時應不斷的去探索自己喜好的休閒方式，確認自己所喜歡的休閒活動模式，並要體認唯有持續不間斷的休閒參與，才能達到健康的意義，並延續美好的生命價值，讓自己的晚年生活可以散發出生命的亮彩。

第六節　結論與建議

老人退休後生活已成爲各界關心重點，而自主活動能力仍高的退休老人生活的安排與生涯規劃也日益重要，本研究透過與15位退休老人做質性的深入訪談，使研究者能夠貼近受訪者的個人自我認同及其參與休閒活動的過程。在與他們對話之中，研究者分享了他們退休前後的生活故事及參與休閒活動的內心感受。在看似平凡

的對話裡，經由理論的應證與質性分析的幫助，逐步建構出理想老人的休閒活動模式。以下針對本研究之發現提出研究結論、研究建議，以及本研究之限制及未來研究之方向。

一、研究結論

退休老人不論於退休前後參與休閒活動、或是不同背景，他們對於自我認同普遍均是持肯定的，尤其他們常會規劃自己的生活、善用時間，不但可以真正體驗人生、享受人生，從參與休閒活動時還可以得到健康、結交好友，並且找到快樂，無形中使整個人壓力減輕、氣血循環、心境開朗，因此我們宜多鼓勵退休老人參與休閒活動，以期退休老人能身心平衡，享受健康生活。

(一)退休老人參與休閒活動後之自我認同高

對退休老人而言，參與休閒活動後，比沒參與之前自我成就程度較高，尤其他們常會規劃自己的生活、善用時間，從參與休閒活動時還可以得到健康、結交好友，並且找到快樂，無形中使整個人壓力減輕、心境開朗，生活滿意度高。對退休老人而言，休閒活動的參與程度愈高，相對的社會疏離感就愈低，從言談之中我們便可以清楚知道，有些受訪者只是一般性的參與，他便覺得身心愉快；有些受訪者積極投入，把自己的長才及心力都投注在休閒活動上，顯現在外的，是那股自信及滿足；而有些受訪者除了積極投入，更是無怨無悔的付出，他所得到的除了是自信與滿足，更是高度的自我肯定。因此，我們不但應該多鼓勵退休老人參與休閒活動，而且是選擇一個適合他且符合他興趣的休閒活動，以期退休老人在參與休閒活動之餘，還能使之身心平衡，享受健康生活。

(二)退休老人參與休閒活動程度因背景不同而異

　　研究發現，不同背景的退休老人所參與的休閒活動情形大致相同，然年齡、健康情形及經濟能力方面卻會顯現出不同的情形。根據研究發現剛退休的年輕老人身體狀況較佳，活力較好，他們對休閒活動對多方嘗試，然後選取他們喜歡的活動去持續參與，同時他們會積極投入並樂於付出。老老人身體狀況不比年輕老人，因此他們參加的活動傾向於保健型，參加的心態是基於讓自己多活動保持健康就好，因此他們的興趣通常止於活動本身。仰賴子女供給的老人，通常受限於經濟能力，他們會選取比不花費的活動來參加，比如參加健康型休閒活動如打拳、健身操等，或是娛樂型的舞蹈、唱歌、讀書等，而經濟能力自主性較高的老人則比較有能力去參與較高層級的休閒活動，如健康型活動裡的游泳、打高爾夫球等。

(三)建立以休閒健康為核心概念的休閒自我認同模式

　　研究結果發現，休閒活動必須以退休老人自我認同為主軸，以休閒健康為核心，以養身、養心、養靈和養空等四個做為老人健康的基本概念予以促進，透過休閒活動的參與，使退休老人對自我產生肯定，營造一個健康快樂的銀髮生活。

二、研究建議

　　台灣人口結構已漸形成人口倒金字塔，如何規劃完善的休閒活動及場所使老人度過一個舒適健康的晚年生活更是刻不容緩的。根據研究結果與結論，就政府機構、相關單位及退休老人提出下列建議，以供推廣老人休閒活動之參考。

(一)對政府機構及相關單位之建議

◆積極推展老人休閒教育

休閒生活是隨著人生發展階段的延續，對一個退休老人而言，休閒生活更需要在有目標、有計劃和有預算的情況下進行。休閒活動帶給退休後的老年人一種新的生活意義，老人不再無所事事，等待末日的來臨。本研究結果顯示，參與休閒活動的退休老人其自我認同程度相當高，從連續理論的觀點而言，老年人必須維持其在中年時的嗜好、習慣，方可能有成功的老年，一旦年紀增長，將難以加入新的活動來取代原有的或擴展新的休閒活動。因此，政府相關單位應以積極的態度推展休閒教育，多開辦休閒教育課程使國人能重視休閒、充分利用休閒達到發展社交，提升生活品質。

◆善用媒體宣導老年休閒益處

本研究結果顯示，積極參與休閒運動之退休老人，年紀多集中在六、七十歲的年輕老人，年紀較長的老人參與休閒活動的動力較不明顯。因此，政府相關單位應善用媒體提供老人各種類型的休閒資訊，同時加強宣傳老年人休閒運動的益處，並積極鼓勵各種生活型態的老人參與休閒運動。

◆公辦民營，推展老人休閒活動

研究結果得知，目前老人參與休閒活動組織團體以民間組織最多。讓老人們退休後能在同儕團體中保持社交接觸，願意成為組織的一份子相互協助照顧，並持續不間斷保持活動參與及維持興趣，使組織運作正常並持續發展，建立社區老人間的交流管道，減少老人社會問題，這是現代重要的議題。因此，政府與民間組織應建立分工的模式，政府提供場地方面的硬體支援，民間組織則負責

活動的推動與執行，以利老人休閒運動的推動。

◆善用社會資源，提昇弱勢群體的休閒參與

　　休閒是一種享受生活的歷程，但當經濟不許可、環境不許可或是健康情形不許可時，參與休閒活動卻是一種奢侈。因此，針對弱勢老人族群如低收入戶、健康不良者、獨居無人照顧、或教育程度較低或行動不便等情形的退休老人，政府應編列預算給予特別補助，或是尋求企業愛心贊助，同時規劃設計較適合他們從事的活動與設施，以提供弱勢老人也可以從事休閒活動的能力。

(二)對退休老人之建議

◆嘗試參與各類休閒活動活化人生

　　老年人的健康促進生活型態各層面可聯合預測「自主性」，由此可看出，老年人在事情的決策上較能自我決定，且對於事務的標準是自己設立的，通常不受社會期許及他人眼光而改變行為，因此整體健康促進生活型態屬中上，且很滿意自己健康促進的執行方式。另外，從分層面的預測情形，老年人愈能在生活及健康狀況上自覺，且樂觀的參與自己能掌控的休閒活動，將有助於老年成功老化，因此對老年人而言不論是自信或肯定大多來自於經驗的抉擇。

◆積極為自己的退休生活作系統性規劃

　　健康是每個人的重要生活資本，為了保有此珍貴資本，老年人特別注重個人健康生活的追求與休閒活動參與，參與活動除了可以達到身心健康，同時能提昇個人的自我肯定。因此，退休老人應積極的將休閒活動作有系統的規劃，並且要顧及老年人本身不同階段性需求，藉由休閒參與的機會活絡身體機能，並透過活動的參與來增加與他人之互動，無形中亦會促進身心健康。

三、本研究限制及對未來研究方向

目前有關退休老人休閒活動的研究尚不多見，探討休閒自我認同更屬少見，基於個人能力、時間及客觀環境的限制，此研究仍有很大的空間繼續努力。本研究僅以桃園縣為研究範圍，並以平鎮市、楊梅鎮兩鄉鎮退休老人為受訪對象。這兩鄉鎮市之退休老人在人口結構、比例上與桃園縣整體接近，但其人文背景、文化特色均有所不同，同時在接受訪談的受訪者中，發現受訪者先前職業分佈尚不夠均勻，年齡層普遍偏低，可能會影響研究信度，學術引用時必須特別注意。建議未來研究時可擴大取樣範圍，同時兼採各種不同生活型態及各年齡層之退休老人，並可將弱勢老人列為受訪對象，增加對老人休閒活動需求的全面性了解。

參考文獻

一、中文部分

內政部統計處（2009）。《現住人口按三段、六歲年齡組分》。台北：內政部統計處。

吳郁銘（2004）。《活動型老人休閒運動參與與生活滿意度之研究：以中華基督教青年會萬華會所會員為例》。私立輔仁大學體育學系碩士論文。

吳淑珠（1998）。《國小學童自我概念、數學學習動機與數學成就的關係》。國立屏東師範學院國民教育研究所碩士論文。

周佑玲（2002）。《國小學童自我對話與自我概念之相關研究》。台南師範學院教師在職進修輔導教學碩士學位班碩士論文。

周家驊（2000）。《老人學研究：理論與實務》。台北：正中。

邱翔蘭（2004）。《高雄市退休老人休閒活動參與與其幸福感之研究》。私立大葉大學休閒事業管理學系碩士論文。

徐立忠（1995）。《中老年生涯規劃》。台北：三民。

徐麗君、蔡文輝（1985）。《老年社會學》。台北：巨流。

張春興（1988）。《教育心理學》。台北：東華。

許忠信（2003）。《老年人的生活型態、社會疏離感和幸福感之研究》。國立高雄師範大學成人教育研究所碩士論文。

陳肇男（1999）。《老年三寶：老本、老伴與老友:台灣老人生活狀況探討》。台北：中央研究院經濟研究所。

陳燕禎 (1998)。〈老人社區照顧：關懷獨居老人的具體做法〉，《社區發展季刊》，第83期，頁244-254。

陳燕禎（2005a）。〈社區老人照顧支持體系及政策探討〉，《社區發展季刊》，第110期，頁158-173。

陳燕禎（2008）。《老人福利理論與實務：本土的觀點》（三刷）。台北：雙葉書廊。

陳燕禎、黃志忠（2006）。《南投縣老人生活狀況及福利需求調查》。南投縣政府委託研究計畫。

陳燕禎、謝儒賢、施教裕（2005b）。〈社區照顧：老人餐食服務模式

之探討與建構〉，《社會政策與社會工作學刊》，第9卷第1期，頁121-161。

蔡佳琪（2002）。《國中生自我認同與生活適應相關之研究：以彰化縣員林國中為例》。私立中國文化大學兒童福利研究所碩士論文。

謝登旺、陳芬苓，(2005)，〈老人福利需求調查與政策意涵：以桃園縣為例〉，《社區發展》第110期，頁314-320，2005年6月。

二、英文部分

Marcia, J. (1980). Identity in adolescence. In J. Adelson（Eds.），*Handbook of adolescent psychology*. NY: Wiley.

Mahoney, M. J. (1990). Representations of the self in cognitive psychotherapies. *Cognitive Therapy and Research*, 14, 229-240.

Staffieri, S.R. (1967). ＇A Study of Social Stereotype of Body Image in Children＇. *Journal of Personality and Social Psychology*, 7, 101-104.

第六章
高齡者田園耕種休閒生活之研究

游家翔　桃園縣福安國小教師
陳燕禎　元智大學社會暨政策科學學系副教授

第一節　前言

　　台灣地區自1993年即邁入高齡化社會，因應平均壽命的延長，提供相對應的高生活品質軟硬體，是福利國家、社會及家人應肩負的責任與挑戰，相關文獻研究指出，除了健康與經濟因素外，休閒活動的參與足以影響高齡者生活品質，面對快速增加的高齡人口族群，以及社會呈現高齡化的現象，如何讓這些高齡者過得更好、活得更健康、更有尊嚴，是我們現在刻不容緩的議題。高齡者面臨生涯的轉換，例如工作的退休，讓其喪失原工作舞台重要地位，其原先享有的權力與地位隨著生涯的轉換而結束，在轉換的歷程中，所有原先的生活狀況、個人角色、人際關係、個人價值感與收入都隨之改變，個人的心理可能會感受到不安、失落、沮喪、悲傷、焦慮、無所適從、煩惱、孤立，甚至失去人生的方向，再加上生理功能逐漸衰退，對高齡者而言確是一大隱憂。

　　高齡者面對退休與其所帶來的挑戰，親友的支持、心靈的寄託和人際關係的重建是不可或缺的，社會互動的能力和人際網絡的建立，有助於高齡者將此時期的社會心理危機化為轉機，因此「休閒參與」在協助老年人獲得穩定的人際關係以及社會心理支持上，便扮演著相當重要的角色，休閒不僅只是單純的打發時間、自娛娛人，它是可以減輕身體的不適、心理的孤獨，重新創造全新的自我。現在的高齡者，他們幼年時期經歷物資匱乏的年代，並將青春奉獻給經濟成長起飛的台灣，為家庭子女勞碌一生之後，是該享清福的時刻，但統計資料顯示大部分的高齡者欠缺休閒生涯規劃，多抱持順其自然、甚至逆來順受的態度，而政府或民間老人福利團體所提供之休閒服務又無法充分滿足多元需求，確有值得檢討改進之

處。

　　現代都市人生活步調太快，空間壓迫、緊湊繁忙，因此開始嚮往以前自然的生活方式，自由自在的活動空間，以及閒適的心境，希望能多跟大自然接觸，以消除過多的生活壓力。根據農業資產交易網和《My Garden花草遊戲》雜誌，2004年8月「田園夢想大實現」調查，發現北中南三大都會區的受訪者中，不分男女，有近一半的都市人，夢想能辭掉目前的工作，改搬到鄉下定居，其中還有八成的比率，想在60歲前擁有一塊田地，過著日出而作，日入而息的鄉村生活。「採菊東籬下，悠然見南山」這樣與世無爭的田園生活，是多少人的理想但卻又遙不可及，在競爭忙碌的現代社會，都市居民夢想擁有自己的一片天地受到許多限制，諸如昂貴的土地價格、過長的工作時間、匱乏的休閒教育，許多人只能等待退休卸除工作的負擔之後，在無經濟、家庭壓力之下方能實現這樣的夢想。有鑑於此「市民農園」應運而生，提供都市居民一方之地，滿足其對大自然的渴望，因此本文將研究對象設定在「參與市民農園田園耕種休閒活動之高齡者」，界定「田園耕種」為：非以營利為目的，利用空閒時間，在自有或承租之農地，從事花草、蔬果栽種，達到運動、休閒、體驗的成就感和樂趣。探究這類休閒行為對高齡者生活品質之影響，研究結果作為政府休閒農業推廣、老人福利機構推展休閒服務之參考依據。

第二節　老人休閒行為與生活品質

　　積極參與社會性休閒活動是成功老化的一個保證，要能達到成功老化應整合過去經驗與現在情境，以更積極的態度面對未來，尤其可藉休閒活動參與來創造新的社會關係，以顯示個人的自我價

值（王素敏，1997）。Havighurst（1972）曾檢視休閒投入與成功老化的關聯，發現休閒投入可提高老年人的生活滿意度，擁有自己所愛好的休閒活動的老年人，其生活滿意度遠比沒有休閒活動的老年人來得高，適當的休閒活動能將晚年危機所帶來的困境降至最低。因此以下將由休閒行為、參與影響因素、從事田園耕種產生之效益及其對高齡者生活品質之影響等層面探究其間的關係。

一、休閒行為

對高齡者而言，生活的目的並非只是消極的打發時間或娛樂自己而已，而應是要能夠積極的學習教育和生活體驗，追求至善的理想境界，退休後的生活滿意度在於個人如何規劃實踐積極的生活方式，選擇適合自身興趣的休閒活動，重新安排生活步調、調整心態，維持自我身分認同、維護尊嚴、實現自我。高齡者在卸除「工作」這項社會賦予的責任後，擁有絕對的休閒時間，因此有必要對休閒相關議題進行詳實探討。

高齡者從事休閒活動，是一種出於自願、不受拘束，重視內心的感受、滿足個人需求，目的在於體驗休閒活動本身所提供的樂趣或意義，而不是為了謀生或營利。高齡者在面對如此充裕的晚年時光，選擇從事休閒活動時，究竟是基於哪些動機因素，亦會影響其生活品質，因此有必要加以探討。在休閒與人類行為息息相關，研究指出休閒具有多元化性的效果，人類天生的社交需求、自我表現慾、親近自然本能、體能活動、學習求知及創作慾望都能從休閒活動中獲得補償（涂淑芳，1996）。所以，休閒是人類的重要生活方式，提供個人在工作閒暇之餘減少生理與心理的壓力，排解無聊空閒時間，並獲致調劑精神的功能。隨著社會變遷，工作與休閒時間有清楚的劃分，休閒逐漸被賦予更積極的解釋與意義。由於高齡

者擁有絕對自主和空閒的時間從事休閒活動，所以更應深入探究其行為動機，包括維持生理健康、社會人際互動、滿足成就、填補心靈上的空虛寂寞等，以滿足其休閒需求，提升其生活品質。

二、影響休閒參與的因素

高齡者在從事休閒活動時會考慮到哪些個人及環境因素，這會影響其參與活動的型態與意願，進而影響其生活品質。高齡者休閒參與、可依其社經背景、需求、動機與活動偏好，而有不同程度之參與，參與過程之中達到滿足快意是最終的結果。研究指出影響老人休閒生活的變項為休閒時間、健康、福利措施、工作單調感、工作受重視程度、娛樂設施、職業、年齡、教育程度、收入、居住區域、婚姻狀況與子女同住與否等（陳肇男，2001）。研究指出老人休閒活動除了受到個人因素影響外，也受到社會環境因素的影響，社經地位高之老人擁有較多資源，對未來生活也就較具信心，社經地位高的老人，較社經地位低的老人具較高生活滿意（高迪理，1996）。

文獻指出影響老人參與休閒活動的因素有：

1. 性別：男女性由於傳統角色扮演的不同，分擔的家務工作量亦有所不同。
2. 年齡：年齡因素造成生理退化的事實，影響所及被証實對休閒活動的參與有負面影響，隨著年紀增大，老人大抵由動態的休閒轉為靜態休閒。
3. 健康情況：老人的健康情況直接影響休閒活動的參與意願與選擇的項目。
4. 婚姻家庭狀況：缺乏伴侶是老年人未參與休閒的第二重要因

素。

5.收入：收入較高者在休閒活動參與方面較活躍，能選擇的活動種類愈多、較具彈性，所以收入對老人之休閒活動有顯著正向影響。

6.教育程度：許多研究指出，休閒參與的阻礙與社經地位有關，而教育程度是影響休閒選擇最重要的因素。

7.居住地區：老人隨年齡增加，體力不如前，大多從事靜態休閒，且活動地點都在家附近，或偏好住家附近社區，可見居住地區對休閒活動的影響。

8.時間：一般人覺得老人最大的優點是有更多的休閒時間，其實，很多老人感到缺乏時間，是他們無法參加休閒活動的重要因素（王素敏，1997）。

也有研究指出，健康狀況與老人休閒活動參與呈雙向作用，亦即適當的休閒活動可提高老人的健康程度，反之，老人的健康狀況也會影響休閒活動參與的程度與範圍（袁緝輝、張鍾汝，1994）。

高齡者選擇從事休閒活動大都是為了打發時間、避免空虛寂寞，或是實現願望，補償過去因工作因素無法完成的理想生活，在選擇活動的類型時則會根據個人先前的生活經歷或延續已經養成的興趣嗜好，活動時若能有知心好友結伴同行分享心得，更能達到其所欲獲得的效益。根據上述文獻資料顯示，高齡者參與休閒活動時除了會考量個人經歷，包括教育程度、工作性質、興趣等，亦受外在環境，諸如經濟狀況、休閒設施的可及性、有無家務負擔、自由支配時間等因素所影響，當然個人的生理健康程度、活動能力，以及是否有好友結伴同行，亦是影響其參與休閒活動之重要關鍵因素。

　　老人從事休閒活動的益處相當多，對個人、家庭、社會或經濟皆有不同的幫助，其功能除能讓老年人退休後生活得到支持，延續其人際關係與社交互動，藉由正向的休閒活動參與，更讓老年人生理機能與心理發展得以和諧穩健成長，提昇心靈平靜、減緩老化，避免疾病纏身，相對也減少習慣性的就診行為，降低不必要的醫療支出。另一方面老人團體的集體休閒參與，有助於增進社交能力，建立親子關係的良性互動、消除疏離感，有助於社會秩序的維持，社會倫理的建立，進而導正社會風氣。

　　綜合上述理論與研究結果，可知休閒行為是人類目標行為之一，從事休閒活動主要是為求身心的平衡，並且休閒也是工作的延伸，同時休閒行為經常是在自己熟悉的環境與具有共同興趣的團體中從事活動，藉由休閒過程中獲得放鬆心情、自我娛樂與自我成長。

三、高齡者生活品質

　　有關高齡者生活品質乃是一個多層面的概念，國內研究指出其組成要素可綜合歸納為下列幾項：(1)老年人的個人特性：如性別、年齡等；(2)物質環境因素：如居住環境、休閒設施等；(3)社會環境因素：如家庭及社會網絡、休閒活動之參與等；(4)社會經濟因素：如經濟收入、生活水準等；(5)個人自主因素：如控制感、決定權等；(6)主觀的滿足因素：如老年人對於生活品質的主觀評價等；(7)人格因素：如快樂感、自我概念等（陳肇男、林惠生，1995）。國外文獻Bergner（1989）指出生活品質應包含身體活動力、社交及休閒活動、疾病、收入、自尊、心理情緒適應、性、人際關係及整體的生活滿意度；McDowell和Newell（1996）

則指出生活滿意度是個人主觀的評價，是與外在參考標準或個人期望做比較，而生活品質是指人們身體或物質情境之充足與滿意程度，且除了健康狀況外還包括財富、安全及獨立的程度，二者是有差異的；Ferrans和Power（1992）的研究將生活品質定義為，是一種多層面的概念，對自己感到重要之事務的滿意程度，是個人對於幸福或滿意的主觀感受，隨著年歲增長，即使正常的老化過程也常會伴隨著各種不同程度的功能退化，身體的病痛也會造成日常生活的功能障礙，影響高齡者晚年生活品質；他們將生活品質區分為生活滿意度、健康與功能狀態、社經狀況及家庭四大項，其中生活滿意度與生活品質有顯著相關。Sarvimaki（2000）的研究指出影響老人生活品質的相關條件為：(1)外在環境條件：包括生物與社會文化因素；(2)個人內在條件：健康、功能狀態、調適機轉、人格特質。因此對高齡者而言，生活品質應是指個人生活的主觀經歷中一種自我的感受，感覺從身心靈各方面相關狀態，保持個人自尊、維持生活的意義及安適狀態，對老年人是項重要的生活方式與幸福感來源。

世界衛生組織自1991年開始展開了生活品質的研究計劃，確立生活品質的定義為：「生活品質是指個人在所生活的文化價值體系中，對於自己的目標、期望、標準、關心等方面的感受程度，其中包括一個人在生理健康、心理狀態、獨立程度、社會關係、個人信念以及環境六大方面」（姚開屏，2000）。而且幾乎所有老人的體能均隨著年齡的老化而下降（陳俊忠，1999）。不良的體能狀態容易導致老人的活動量減少、不良於行，甚至不能活動，無法自理日常生活所需，嚴重影響老人的生活品質，可見高齡者生理健康狀態良否，顯著影響其生活品質。Brown等人在一項樣本多達四萬名以上澳洲婦女，其中45-50歲中年婦女共13,609人、70-75歲老年婦女共11,421人的研究中發現身體活動的增加，一般身體、心理

健康與活力都有提升的趨勢，且均顯示「不適症狀」相對減少，增加活動力和動能，可以提升生活品質的感受（Brown 、Mishra & Bauman , 2000）。劉影梅等人（1998）指出良好的健康體能可以維持老人的基本功能，並增強自尊心及自信，在人的基本功能得以維持，自我照顧能力予以增強之後，老人才會擁有一個高品質晚年生活（劉影梅等人，1998）。

四、從事田園耕種休閒行為所能獲致的效益

根據研究指出（楊芝婷，2003），從事戶外休閒諸如園藝、插花、盆栽等活動可提升生活品質的層面包括生理範疇：減緩生理疼痛及不適、增進參與日常生活的活力以及疲倦感、改善睡眠品質、休息等層次。心理範疇：增強正面的感受、思考、學習、記憶、集中注意力、自尊、身體意象及外表、降低負面的感受等層次。社會範疇：維持自由移動、日常生活自理的能力、減少對藥物及醫療的依賴、具備基本工作能力、建立完善的個人關係、實際的社會支持以及愉悅的性生活等層次。環境範疇：包含身體安全及保障、居家環境、財物資源、健康及社會照顧的可及性和品質、取得資訊及技能的機會、參加娛樂及休閒的機會、物理環境（包括污染、噪音、交通及氣候）、靈性、宗教及個人信仰等層次。生活品質與其生理健康、心理狀態、獨立程度、社會關係、個人信念以及環境均有相關，針對高齡者而言，如何營造適宜的健康環境、提供適切的休閒服務，確能使「老有所終」值得大家深切思考。

俞玫妏（2003）在「都市園丁休閒園藝行為與休閒滿意度關係之研究」中指出，從事園藝休閒活動的效益包括：

1.心靈滿足：園藝活動的行為結果，往往伴隨產出自然美好物

體的特性，無形中也使得參與者感染生命成長的喜悅，改善心理狀態。因此不論是從事動態的植栽行為或靜態的景觀觀賞，都有助於個體發展面對沮喪挫敗的自我修復能力，進而強化個體管理壓力的能力。

2.教育學習：在參與園藝活動時，當好奇心受感官刺激會引起人們對大自然的學習興趣與動機，在不知不覺獲得心領神會的過程中牽引出更多的學習行為，以滿足個體的學習慾、創作欲，進而拓展個人的知識領域。

3.擴大社會層面：藉由園藝活動除連結過去現在也連結未來，園藝具有容易與長期記憶結合的特性，使成為一種優秀的社會連結工具，包括透過記憶連結老人與社會的網絡關係、透過植物作為交流情感友誼的工具可以連結朋友與家庭，而和植物的交流更是人類與自然界建立關係的最佳管道。

4.情緒正向發展：滿足感官的體驗、加個體與生活事務的互動、使個體能夠維持認知與精神的發展。

5.活化生理機能：不需太多的園藝勞動時數即能產生強化體力、改善健康的效果，當人們播種、為植栽換盆、修剪枝葉的過程中，可藉此訓練手及腿部肌肉。人們透過園藝植栽的身體活動，在接觸泥土的過程中可刺激身體的出汗反應，能有效的將積存於人體內的有害化學物質排出體外，而這些有害物質正是導致精神疾病的重要因素。

6.美化精神生活：人們從事園藝活動的動機主要為美化環境，滿足精神生活內涵，人們在美麗環境中總能得到心靈洗滌的效果。

行政院農委會林梓聯(1994)認為，市民在市民農園耕種、體驗田園生活後，可以獲得以下各項滿足：體驗農耕與享受豐收的喜

悅，享用新鮮、衛生、安全、清潔、自產之農產，因耕種而增加與親友談話話題，也因產品的贈送拓展其人際關係，夫妻一起到農園工作，增加相處時間和溝通機會，增進夫妻感情，維繫情感使其關係更加堅固，市民農園是家庭間，男、女、老、少對話與健康活動，和獨自休閒與親近土地、綠意最佳的園地，是高齡者增進身體健康，心理健康和經濟健康最佳的活動。在市民農園裡認識許多志同道合的知心朋友。增進對農產品的認識，也體會到農業耕作的辛苦。陳昭郎(1995)認為參與農園耕作的益處包括：體驗農耕之樂趣、提供健康且自給自足的食物、提供休閒娛樂及社交的場所、提供自然、綠化、美化的綠色環境、提供消磨時間的地方，與農作物為伍，精神上休息場所(尤其老年人)、滿足人類多種需求。

　　人們從休閒園藝活動中獲得身、心、靈改善的效果已經獲得普遍科學的實證。然而現代人的生活型態卻是不容易讓人參與健康的園藝活動，反而讓更多的空閒時間在商業利益的誘導下，進行無意義的消耗與空轉。例如國人最主要的休閒活動--看電視。為能使高齡者克服各項休閒阻礙因素，接受休閒教育，從興趣的培養提升成就感，將老年生活的觸角延伸至更為寬廣的天地，擺脫孤立、自卑、妄想與厭世之負面情緒，整理雜亂無章、漫無目的的老年生涯，與其在單調的都市叢林裡閒得發慌、不知所措，是該走向綠野迎向陽光，活動筋骨享受田園耕作的樂趣，藉由雙手孕育生命，讓花草蔬果點綴人生、美化心靈。

第三節　研究方法與研究概念

　　為能有效探詢從事田園耕種之高齡者對其生活品質多層面之感受與滿意程度，本文將採質化研究之深度訪談作為資料蒐集主要

方法，以參與市民農園休閒農耕活動之高齡者為研究對象與範圍，針對其生活歷程與轉變，試圖分析以「田園耕種」為主要休閒活動之生活品質，因此以下將從研究概念架構、研究方法、研究對象等層面，解析本章研究問題。

一、研究方法

本研究係屬生活歷程探索性之研究，研究對象為參與市民農園休閒農耕之高齡者，採質化研究進行探討分析，並以「深度訪談」進行資料蒐集，設計開放式的問題引導受訪者進行深入訪談的溝通情境。深度訪談除可增加資料蒐集的多元性外，更能藉此瞭解受訪者對問題的想法與態度，透過研究者與受訪者的互動過程，對問題重新加以釐清，以確認受訪者內心的真實感受與行為認知。

依據研究目的及文獻整理編擬訪談綱要，並準備訪談邀請書，使受訪者對於本研究有概略的了解。訪談前徵詢受訪者之同意，使用錄音方式記錄訪談內容，訪談後將之謄為逐字稿，而研究者本身在此將擔任觀察者兼參與者之角色，與研究對象在農園耕種情境下產生互動，以觀察者的身分蒐集與研究主題相關資料。本研究的訪談工作採取一對一的深入訪談方式進行，訪談地點以受訪者方便為優先，並以聊天的方式對話，利用訪談綱要作提醒，鼓勵受訪者提供親身體驗、感受分享。最後根據訪談資料所分析歸納之結果，對照相關研究文獻，針對研究目的提出結論與建議。

二、研究對象

為考量研究對象是否因較多的社會人際互動影響其生活品質，因此研究對象將剔除於自家田地、花園、陽台、屋頂等場所獨

自進行花藝盆栽或耕種者。研究對象是年滿65歲以田園耕種作為主要休閒活動者，以及退休達十年以上之中高齡者（E8、E9），且已加入桃園縣龜山鄉農會輔導經營之「市民農園」者，並長時間、規律性投入其田園耕種休閒活動。 至於「主要休閒活動」之認定，通常以從事該活動所佔時間比例多寡為依據，但該項休閒活動在受訪者主觀意識下佔有之地位與重要性，非單憑時間數量即能衡量，因此研究對象族群不易經由客觀標準察覺，需透過研究者個人社會網絡、各地農會輔導經營之「市民農園」，經實地觀察、篩選，並經過初步訪談方能成為研究對象，並以滾雪球方式增加研究訪談人數，提昇研究分析的信度效度。研究樣本特性，見**表6-1**。

表6-1　研究樣本特性

研究對象	性別	年齡	教育程度	退休前職業	婚姻	家務負擔	經濟狀況	生理機能	交通路程
E1	女	70	初中	電子工廠	喪偶	無	先生軍職俸祿	膝人工關節置換手術	5分鐘
E2	女	67	初中	電子工廠	已婚	無	尚可	良好	5分鐘
E3	男	83	青年軍	軍人	已婚	無	軍職退休俸	膝關節退化	5分鐘
E4	女	67	高商	便利商店	離異	無	充裕	良好	15分鐘
E5	男	70	小學肄業	磁磚工廠	已婚	無	尚可	牙齒、視力退化	10分鐘
E6	男	65	警察學校	警察	已婚	帶孫子	月退金充裕	自然退化	5分鐘
E7	男	67	高職	電梯工程師	已婚	帶孫子	小康	良好	5分鐘
E8	男	54	大學	音樂教師（退休十年）	已婚	無	富裕	良好	15分鐘
E9	男	57	高中	冰品自營商（退休十年）	已婚	無	富裕	良好	3分鐘

三、研究概念

本研究主要在探究高齡者從事田園耕種休閒活動之概況，並試圖分析此休閒行為對高齡者生活品質之影響，藉由深度訪談，探詢實際從事田園耕種的高齡者其休閒行為產生的動機與目的，分享其經驗傳承與心路歷程，分別從生理、心理、社會、個人生活背景與生命經歷等層面，剖析這類休閒活動對高齡者生活品質之影響，對照驗證理論與相關文獻資料，分析這類休閒活動是否真能在高齡者身上產生相關效益，提升其休閒生活滿意程度，研究結果提供相關單位，做為推展此類休閒活動參考依據。

第四節　田園耕種與老人身心健康

退休是人生歷程的一大轉變、亦是人生新階段的開始，過得是否充實有意義，視乎自己的抉擇、態度和做法而定。而休閒活動是影響個人生活品質中重要的決定因素，令人感到滿意的休閒活動就像是令人感到滿意的工作一樣，都具有某種創造性及挑戰性，因應退休後生活型態的轉變。本研究以龜山鄉市民農園承租戶為研究範圍，進行歷時一個半月的實地觀察訪談，以立意取樣的方式，擇定：「以田園耕種為主要休閒活動」、並「已卸除工作負擔」的以下九位中、高齡者，做成訪談逐字稿，以下將依此資料，分別就生理機能狀況、心理感受層面、社會人際關係、休閒生活滿意度闡述研究結果，分享她（他）們投入市民農園後，在這片天地裡發生的點點滴滴。

一、生理機能狀況

　　田園耕種這項休閒活動，是在大自然的環境中，藉由筋骨的勞動，方能有所收穫，這樣的休閒型態對高齡者生理健康而言，究竟有何影響，分述如下：

(一)越不動越糟糕

　　因為年輕時即無運動的習慣，基礎體能較差，許多老年人常見的老化現象，像是記憶力衰退、關節退化、高血糖等造成生活上的不便，E1雖然晚近幾年積極投入農園耕種，但生理狀況卻不見好轉，反而因此帶來腰酸背痛，但是「越不動越糟糕！」因此即使動過手術，依然回到農園繼續種菜種花，惟特別注意關節的維護。對於退休後的老人，為維持身體機能，延緩老化退化時間，仍必須不間斷活動；為擺脫疾病困擾、增加免疫能力，身體的活動是必要的；對於因病復原之老人，癒後活動更可加速身體機能恢復，有助於復健。E1她提到：「……，鋤頭也舉不起來、水也提不動，我就是因為力量不夠，通常都是附近的男生幫我挖土，我就是拿張小板凳坐在椅子上拔草，……。別人是很輕鬆，我就是會腰酸背痛，還要花錢給人家按摩。越不動越糟糕，我在家休息那三個月（置換膝人工關節），整天躺在床上看電視，血糖就高到160幾，我本來還算正常130幾，人老了沒出來動一動是不行的。」（E1）

　　E2目前則承租的農園面積約25坪，種些菜對他們來講尚不致構成負擔，惟年歲漸長，加上先生的關節有退化的跡象，幸而這塊菜園的土壤已改良的差不多了，不需像十年前剛到農園那樣辛苦，現在只要定期施肥，菜就會長得蠻漂亮的，這樣的活動方式與

活動量對高齡83的老先生尚游刃有餘，但相較於老先生當年的老戰友，由於多從事室內靜態活動，較缺乏接觸大自然曬太陽、呼吸新鮮空氣的機會，「都快老得走不動嘍！」因此他們十分慶幸當初能加入市民農園。她提到：「兩個人一起就不會太累，像是伯伯膝蓋不好就不給他拿鋤頭，他就做一些拔草、澆水、……，粗重的大部分是我來啦，有時候伯伯會偷偷做，我是不希望他做太多，雖然他的力氣比我大，……，但我做的已經夠了，種一些菜是沒什麼問題。……，不要整天關在家裡，像伯伯去朋友那裡，常常都是在家裡，……，比較缺乏活動，所以好幾個都快老得走不動嘍！」（E2）

(二)越耕種越健康

年紀大了體力當然不比從前，但卻多了毅力與耐力，E4基於對農園耕種的執著，凡事不假手他人，從整地、挖石頭、搭棚架到搬運肥料，一點一滴構築出自己理想中的天地，因為沒有壓力，有時做到汗流浹背，累時也可兩袖清風坐在涼亭看本好書，別人視為苦差事的勞動，她卻甘之如飴、欲罷不能。長期接觸大自然的環境，身體活動量也足夠、心情開朗自在，讓她的生理狀況有了大幅度的改善。她提到：「年紀大了，量力而為慢慢來，當作是運動練身體。……，我常常做到汗流浹背，你看我曬到黑嘛嘛、像歐巴桑。我感覺比以前好太多了，跟那時候比當然好上一百倍，……，那時候作息不正常，有時候明明很累了，可是卻又睡不著，整天腦袋都在想怎麼多賺一些錢，……，壓力大，很煩心……。」（E4）

因長年受到腰椎宿疾之困擾，E5於是自行鑽研青草藥酒，不僅治好自己的老毛病，也讓至親好友受惠良多。多年以來奉行不渝

的養生之道，讓他能夠獨自一人栽種150坪農地，從早忙到晚未曾停歇，農園裡的蔬果各個鮮嫩飽滿、甘甜可口，深獲大家喜愛，經常被預訂一空。除了牙齒及視力自然退化外，對於這把年紀筋骨仍能維持這般狀態頗感自豪，農園裡不間斷的工作，讓他身體機能維持良好運作。E5提到：「我的筋骨不是我自己臭彈的，還很勇（當場展現手臂平衡及柔軟度），不能沒事做，會老人癡呆，你看我七十還這麼勇。……，牙齒牙周病，還有視力愈來愈差，人老嘍！其他都很好。身體要健康才能種，稍微動一下就這裡痛那裡痛的，……，有在活動比較不會老，日子不會無聊。」（E5）

E9以前因拼命工作的關係，導致胃潰瘍、氣喘等病症，如今雖已痊癒，但仍需持續注意飲食及維持運動。農園裡提供清新的空氣（至少比市區好）、新鮮的蔬果，以及溫和不激烈的身體活動，對曾經大病一場的他來說是恰到好處。他提到：「……，做這些沒問題（挖菜畦）！以前因為要經常進出冷凍庫，忽冷忽熱，氣管不好，現在好多了，……，但是這裡空氣比較好，多多少少啦，以前做冰的時候累到胃潰瘍出血，差點昏倒掉進零下三十度的冰桶，沒命，好家在我太太看到，把我緊急送醫。現在好了，只不過不能吃太油膩的，要清淡的，要忌口。……，有在活動比較好，這裡的人都是這麼想，比較健康。」（E9）

(三)歲月不饒人

E6任職警察期間因作息不定，焚膏繼晷的生活讓他的多位同事疾病纏身，他則是慶幸遺傳到雙親優異的基因，讓他能夠順利開墾改良農園的土壤。龜山鄉市民農園距市區僅三分鐘交通路程，遼闊的視野、滿園的翠綠，吸引附近居民投入大自然的懷抱中。剛到農園時以豐沛的體力精力，讓這片幾近荒蕪的農園徹底脫胎換骨，

現在則是坐享其成的時刻。他表示：「這對身體好，起碼這裡視野好、空氣好、對眼睛很好，流流汗非常好，……，感覺現在年紀大了，玩剛剛好，如果再大（菜園面積）體力負擔不了，……，像從前那樣開墾，撿石頭、搬石頭，對我來講體力負擔太大。到現在身體還很好，運氣好，……，我感謝我父母基因好、底子好。」（E6）

由於經年累月從事路跑運動，E7維持不錯的體能狀態，但歲月不饒人，運動量不能再像從前那麼大，擔心膝蓋負荷不了。農園裡的工作不算激烈，但持續做下來仍可讓人汗流浹背，對於已經習於運動的高齡者，卻又擔心會因老化而造成運動傷害者，不失為一項替代性高的活動。他提到：「我以前就有在路跑，體力是還不錯，現在有點歲數，不能像以前那樣跑，……，來這裡種菜、挖菜畦，也算是運動，會流汗的呢！」（E7）

(四)維持生理機能

生理機能的退化，會影響高齡者心理層面的健全發展，進而影響高齡族群生活品質。E8時值壯年，長期維持運動的興趣與習慣，農園裡的工作輕鬆愉快，空閒時還能協助農園裡的朋友翻土造畦，體能部分沒任何問題。他提到：「我現在還是有在運動、打球、練氣功，這幾畦菜園沒問題，三兩下就鬆好土，……，沒什麼問題。你看我壯得像頭牛，身體好得很，運動是一定要的，促進血液循環啦，動一下才不會生鏽，要活就要動嘛！身體不好什麼都不用講啦，……，身體好的話，四處活動一下，找個自己有興趣的事來做，心情自然會跟著變好。」（E8）

本研究有9位研究對象農園資歷少者有4年，多者達13年，皆順利通過初期的考驗，其中關鍵因素在於「體能狀況」，雖說是項

休閒活動的進行應無時間壓力，得量力而為、慢慢來，但若手無縛雞之力，遇到稍微粗重的工作就要依賴他人幫忙的話，理當無法長久進行，但若能與農園裡的朋友建立良好友誼，粗重的部分商請朋友代勞，像是E1在進到農園前沒有任何栽種經驗，更糟的是她的力氣很小，連水桶也提不動，而她竟能持續投入農園13年，即使動過膝關節手術不良於行，仍迫不及待回到農園種花拔草，就算因此而腰酸背痛，也不減對花草的興致；雖然活動量不大，但卻足以有效控制血糖。

　　其餘8位研究對象表示：以目前的生理狀況，應付農園裡的大小事務，不致構成問題。但歲月畢竟不饒人，種種老化跡象陸續出現，例如：高齡83的E3老先生膝關節退化，雖然還能拿鋤頭翻土，但須特別提防保養；70歲的E5獨立耕種150坪農地，筋骨卻是愈做愈勇，頗有「返老還童」的樣子，但近年牙齒、視力逐漸退化；65歲的E6慶幸自己早先幾年加入農園，當時的他體力充沛，有能力將農園改良整理成今日規模，「現在沒辦法像從前那樣幹了！」另外64歲的E4表示：現在的身體狀況跟從前經營超級商店相比，好上一百倍！中年時生了一場大病的E9，加入農園已有10年，他表示：「身體越來越好、越種越年輕。」

二、心理感受層面

　　高齡者面臨生涯的轉換，例如工作的退休，讓其喪失原工作舞台重要地位，其原先享有的權力與地位，隨著生涯的轉換而結束，在轉換的歷程中，所有原先的生活狀況、個人角色、人際關係、個人價值感與收入都隨之改變，個人的心理可能會感受到不安、失落、沮喪、悲傷、焦慮、無所適從、煩惱、孤立，甚至失去人生的方向，再加上生理功能逐漸衰退，對高齡者而言確是一大隱

憂。從研究對象長時間投入田園耕種對其心理層面產生哪些影響，分述如下：

(一)心情開闊，心靈有所寄託

在農園最大的好處是接觸大自然讓人心情開闊，E1表示手術後在家休養期間「像個死人」。她表示與花草相處無需勾心鬥角，過去的風花雪月如過眼雲煙，農園裡的人、事、物幾乎就是她現在生活的全部，無牽無掛，就算老死於農園也了無遺憾。她提到：「種菜、種花心情比較輕鬆啦！心情好，精神也變好，我喜歡種花，……，只要稍微有一點枯萎我就會拔掉，他們都笑我真可惜，……，我說：這個花就像女人一樣，不希望被人看到凋零老去的樣子。一開始什麼都不會，…，隨便種，有一次不小心種出漂亮的菜，……，心情就好得不得了，……，前一陣子（手術後在家休養期間）「像個死人」，不能出來也不知道活著有什麼意義。」（E1）

在這農園裡已耕種十個年頭，E7早已習於這裡純淨的環境，無論人事如何紛擾，只要一來到農園，就能讓自己的心情獲得平靜，心裡比較實在，暫且拋開不盡人意的煩人瑣事。他提到：「有事情做比較不會無聊，有這個地方心理比較有個寄託，……，對於女兒的婚姻和家庭也會煩惱，可是煩惱也沒有用……。還是來種菜心裡比較實在。」（E7）

(二)感受生命力和充滿人生的自信，感覺自己變年輕

藉由田園耕種這項活動，一方面活動筋骨，另也從作物的成長感受到萬物生生不息的力量，期待田地裡的幼苗開花結果，E2雖然子女盡不在身邊，但農園裡的蔬果花草，就像是當年含辛茹苦

輔育的孩子，細心呵護、全心照顧，不求回報只願他們平安長大。她提到：「要健康就要活動，看著自己種的菜慢慢長大，心裡會有一種期待，長大之後會有一些成就感。我們現在需要人家照顧嗎？你看我們還可以照顧菜園。」（E2）

　　見證了台灣社會從農業轉型至工商業之過程與改變，經歷過刻苦的年代，E5感嘆現在的年輕人不知珍惜目前擁有的，他用行動提供新鮮甜美的蔬果，展現個人存在的價值。他提到：「看著菜長大、長漂亮，心情跟著愉快。現在的年輕人都不知道以前的辛苦，只享受，不能吃苦……，稍微遇到困難就要自殺、喊歹命，……，我們那時候才是真正歹命，有飯吃就要偷笑了，……，現在的年輕人不會珍惜眼前所擁有的。……，最起碼要知道這些菜是怎麼種、怎麼照顧，……，我感覺現在的年輕人沒有我們厲害。」（E5）

(三)一份堅持，展現自我實現生命力

　　歷經一番波折，終於尋得能夠實現理想生活方式的園地，E4對於這得之不易的機緣自是分外珍惜。由於並不是十分在意收成，而是喜歡觀察植物生長的過程，與大自然的力量加諸植物身上所產生的變化，驗證自身過去經歷過的歲月，讓她感觸良多，引領她進入大自然奧妙的境界。腳踏實地的生活，提供她旺盛的精力；綠意盎然的農園，提供她最佳精神食糧。她提到：「對呀！會很期待灑下去的種子會長成什麼樣子。……，我喜歡觀察他們成長的變化，很有趣。你給他細心的照顧他就會長得很漂亮，……，待在家裡沒事做會胡思亂想，……，其實那都只是一些微不足道的小事，根本沒什麼好吵的，在這裡種菜、看看風景、聽聽蟲鳴鳥叫，心情自然會開朗。看著他們長大，心裡會有期待，……，有一種寄託，生

活比較有目標，……，不要看他們這麼微小，要用心體會啦！」（E4）

　　倆夫妻多年來共同培養的田園生活，已成為現在生活中最大的樂趣。E6這些年以來在這塊農園裡付出的汗水與心力，總算有了豐收、令人感到驕傲的時刻，雖算不上什麼豐功偉業，但這片曾經荒蕪的田地，在他們倆的辛勤耕作下，如今滿園翠綠，這份成就足以豐盈耕種人的心靈。他提到：「這是我們共同的興趣，生活這麼久最大的興趣，……，我們想辦法弄得乾乾淨淨、盡善盡美，盡量做。……，目前我感到很驕傲一件事，以前這裡是很粗的黏土，完全不適合耕種，現在我敢說在這個園區內，這土壤是屬一屬二的，……，完全靠自己來才有意義。」（E6）

　　E8對田園耕種這件事有其獨到的見解，舉凡栽種技術的精進、經營的態度、環境的轉變、甚至於宵小偷菜的行為，皆能說出一番道理，可見其用心之深。他提到：「……，要玩就要玩得夠深入，其中是大有學問在的。我是覺得越種越好玩。那些人（種好玩的）也太樂觀了……，除非是遇到天災人禍，那就另當別論……，我種菜是有一點心得啦，就是要肯用心去探討，既然要做就要盡可能做到最好……，當然菜如果長得漂亮心情應該也會跟著好起來。我看有些人的菜園亂七八糟，這樣在我看來怎麼會好玩，要是我的菜園搞成那樣，我會很鬱卒，沒有收成，那不是打擊自己是什麼？」（E8）

　　E9這十年來，看著菜園裡的蔬果隨著季節的交替生生不息，讓他常保赤子之心，每顆種子的成長，代表一個新生命的誕生，需要大人的細心呵護才能成長茁壯。他認為興趣需要培養更需要學習，才能自我成長，活得才有意義，尤其在農園中的朋友都變得很熟，相互鼓勵支持。他提到：「……，看著菜一天一天長大，時間過得很快。……，要學啊！要先學會才能持續參與，慢慢就會

有興趣，……，和大家交流，這樣才會進步，種出來的菜不會太醜……，覺得好玩就會花更多時間投入，慢慢有了心得，會持續去種，像我們這邊好幾個都是種了很多年，大家都已經很熟，變成好朋友了。」（E9）

　　來到市民農園的長者多是與世無爭，會選擇這樣的休閒活動追求的祇是心靈上的寄託，看著自己親手栽種的蔬果日益茁壯，那樣的成就滿足感，讓他們願意長期投入，即使烈日寒風也無法阻擋他們對農園的熱愛。當然個人的心理感受因人而異，整體來說，農園裡的長者為了照顧好田園裡的花草所付出的心血，與從其身上所接受到的回饋是成正相關的，這正也是他們願意長期投入關鍵因素之一。

三、社會人際關係

　　高齡者面對退休與其所帶來的挑戰，親友的支持、心靈的寄託和人際關係的重建是不可或缺的，社會互動的能力和人際網絡的建立，有助於高齡者將此時期的社會心理危機化為轉機，因此「高齡休閒參與」在協助老年人獲得穩定的人際關係以及社會心理支持上，便扮演著相當重要的角色。在市民農園從事田園耕種的這群朋友，有著不同的社經、家庭背景，投入的動機、目的也不盡相同，高齡朋友如何適應這樣的團體生活，關係到其休閒的滿意程度以及能否持續參與，分析如下：

(一)建立人際網絡

　　E1和以前常跳舞的朋友還是有來往，不過聚會的地點從舞廳、餐廳轉換到現在的市民農園，她想脫離從前的生活型態。因本

身生理條件的限制，讓她無法獨立完成農園的工作，而需依賴他人的協助，其間的情誼有賴平時一點一滴的累積，憑藉其對花草的熱愛，與開朗、不拘小節的個性，讓她得到許多友情的贊助。她提到：「我都叫他們（以前跳舞的朋友）來農園，不要再找我去喝酒了！以前跟那些人混在一起是好玩，不過只是玩一玩，久了就沒什麼意思。這就是我厲害的地方，你知道嘛！女人家沒力氣沒關係，要「好嘴」，人家就會幫你，我就只是拔草、澆水、採菜、種花，準備茶水、點心，那些我做得來的。」（E1）

高齡婦女離開原生家庭三、四十年，即使家人健在，通常也只有逢年過節時，難得見上一面，若再加上夫妻早年離異，此時高齡婦女的友伴關係愈發重要。本研究對象E1與E4，多年來與農園夥伴相處融洽，情同兄弟姐妹，以「老友」彌補「老伴」這項缺憾，同好之間，藉由種菜這項活動聯繫彼此感情，進而擴大生活範圍、排遣空虛寂寥，孤寂感自然無從而來。E4提到：「這裡的人都很熱情，大家會互相交流，互通有無。這裡的人都很好相處，沒什麼利害關係，有時候我來這裡也不是要下田種菜，就四處走，到處逛，蠻有趣的，有時候也會聊到家裡的事情，互吐苦水。老人家最怕寂寞，我們這邊大家就像是兄弟姐妹，……，來這邊是「交朋友」，大家都會請來請去，感情很好。」（E4）

(二)學習適應團體生活，減低孤獨寂寞感

E1認為部分承租戶中途退出農園，是因為無法遵守農園管理委員會訂定的規範，像是製造環境髒亂，或是疏於照顧致雜草叢生，類似這些行為有賴「管理委員會」的幹部，予以「道德規勸」，通常違規的承租戶都能自行修正有礙公眾利益的作為，真的無法接受規範者，也會自行退出耕種的行列，這些熱心農園公眾事

務的朋友，凝聚出的向心力，應是龜山鄉市民農園能持續經營十幾年，重要的關鍵因素。她提到：「……，就是很雞婆，愛管閒事，管太多會惹人嫌！……，主委要管的可多呢，我常常都是跟人家約好說你明天下午五點來菜園，做什麼，來吵架呀！呵！呵！呵！……，當然是我贏比較多，其他人會站在我這邊，……，可是還是會碰到那種不講理的，那我就沒他皮條，隨他去。」（E1）

由於E5是全心全力投入菜園，種出來的菜自是肥碩鮮美、不在話下，但也因此經常遭小偷光顧，讓他不禁嘆息、起了戒心。即便如此，他依然抱持「做功德」的態度，堅持種出最高品質的蔬菜，供應他的顧客並分送親朋好友，「買者實惠」、「受者心喜」，雖然在農園裡的人際關係並非十分融洽，但是能滿足個人成就，何樂而不為。他提到：「這是為大家服務，不夠本錢啦！外面買不到的……，幫大家種啦……，喜歡我種的菜。……，有人問就會說，沒有問就不講，講了人家也不一定要聽，他們有些是種好玩的，大家好來好去。現在社會風氣敗壞，人心難料，……，我種的菜經常被偷。」（E5）

規範的存在是為了維繫團體運作「長治久安」。龜山鄉市民農園這十三年來屢次獲獎，成為他人觀摩取經對象，有賴全體承租戶發揮團隊精神、凝聚共識，營造這塊美好的天地。除了租金外，尚需繳付管理費，以支應農園公共設施維修等開銷，在政府補助越來越少之際，為了維持農園正常運作，常需全體夥伴共同出錢出力、維護環境整潔。E8提到：「剛來的時候，還不是很熟悉市民農園運作的模式，就跟那些老人家有一些誤會，……，經過溝通了解原委後，……，他們就沒話說。唉呀！做人真難，……，沒事還是會啦！（參加公共服務）免得又讓人講話，沒辦法，雖然說平時自己種自己的，互不相干，畢竟還是個團體，有一些規定不得不遵守，習慣就好了。」（E8）

(三)擴展生活視野、結交志同道合夥伴

農園裡種植的花草蔬果種類繁多，讓來到農園的朋友有著聊不玩的話題，除了種菜之外，也會相約出遊，建立友誼、開拓視野。E1提到：「這裡的朋友感情好得不得了，有時候我來菜園並不是為了來種菜，有時候連菜園都沒踏進去。…，什麼都聊，聊種菜比較多，共同的興趣嘛！有時候我們會找一找就去朋友家泡茶唱歌，有人開車的話就出去逛一逛，……，有一次我們在我的工寮煮薑母鴨，……，兩個小時後再回來吃，還是好吃得不得了。」（E1）

在農園孕育出的友誼是最自然純真的，在沒有絲毫利害關係下，朋友付出的關懷最值得珍惜，E1雖然生理狀態每下愈況，她還是希望能多種幾年，為的不是自己，而是那群交心的朋友！她提到：「手術後在家休養期間，一起種菜的老朋友來家裡陪我，帶吃的，那時候東西、早餐多到吃不完，……，這裡的朋友都對我很好，很照顧我，我也想要多種幾年，已經這麼久的老朋友了！」（E1）

E2這對老夫妻屬「德高望重」型，加上開朗的個性，什麼都能聊，附近的年輕朋友，當他們是自己家裡的長輩，簡單的噓寒問暖、適時的伸出援手，彷彿就是一家人。他們提到：「這裡的人都很好相處，大家互相幫忙，會互相交流，種的菜吃不完的時候，大家就分來吃，根本都不需要去市場買菜，……，農會會辦活動，大家就一起出去走走。……，也不光是種菜，有時後到處逛和別人聊天，聊久了就熟了，彼此有個照應也不錯的。」（E2）

來到市民農園的因素之一，即是因為在這樣的團體裡，有許多同好可以互相切磋種菜的技巧、交換心得、互通有無，讓生命

力旺盛的蔬果花草，點綴平淡無奇的生活；E6用做實驗的精神，探索新奇品種的生長，是「活到老、學到老」最佳寫照。他提到：「這裡人多，我們可以請益，……，大家經驗可以互相交流，就像我現在來種菜，我吃不了幾個，都送給我左右鄰舍，大家都高興，……，不同的品種會帶種子回來種看看。……，如果體力許可，有興趣的話，在這邊活動活動當然很好，花費又不多，種菜又交朋友很好的。」（E6）

　　農園裡的工作經常需要協力合作，方能順利進行，因此建立良好的人際關係是不可或缺的。E7長期與夥伴建立深厚的默契，而親手栽種的新鮮蔬果和農園生活，也成為聯繫親友感情最佳媒介。他提到：「這裡的朋友大家一起這麼久了，都很熟了，有什麼需要幫忙的，喊一下，沒問題啦。菜有剩的時候，去朋友那邊泡茶就帶一些過去，雖然不漂亮，人家不會嫌，……，我是叫他們不要來採菜，免得被其他人誤會。……，有時候帶孫女來菜園，抓蝴蝶、青蛙也蠻好玩的。」（E7）

　　投入農園耕種的朋友各有不同動機目的，有些是打發時間，有些是活動身體、交朋友，而E8比較在意的是「知識、技術層面」，面對農園裡形形色色的承租戶，他自有一套處世原則。由於興趣廣泛、交友廣闊，「到農園交朋友」這項動機目的，對他而言並非十分重要，對於部分抱持著「種好玩」的朋友，頗不以為然，認為是在浪費時間、又不願接受新知，不如去做別的消遣。他提到：「……，病蟲害我會想知道是什麼原因，……，還有這些土壤的改良，我花了一番功夫……，現在才有這樣的成果，去年我種了六株瓠仔，總共結了720條，這還不包括被偷的，……，有些是怕無聊來交朋友的，跟他們講怎麼種，他們也不一定聽得下去，好像『用熱臉去貼人家的冷屁股』，真的很有心的還是會互相交流一下。唉！什麼人都有……，這個要有興趣，慢慢累積經驗，遇到問

題要去想辦法解決，不能老是等著別人來幫你，……，不懂就要問，問了之後要吸收，要學習，這樣才會變成自己的。」（E8）

市民農園這樣的組織就像是個「大家庭」，成員來自各行各業，在「追求健康」這項信念號召下，彼此齊心協力共謀組織良善的運作，各區承租戶互相推舉熱心農園公共事務的朋友，擔任管理委員會幹部，建立與農會、地主之間順暢的溝通管道，也是蔬果栽培技術和聯繫彼此情感的訊息交流中心。E9提到：「……，我這裡什麼都有，可以泡茶、煮飯，有時後幾個朋友相招就在那裡，看有什麼就煮來吃，還不錯……，隔壁的也會分，我們常會交換分來吃，有些比較有經驗可以請教，大家經驗互相交流。……，這裡就是我的工作。種菜給大家吃，……，他們很有環保概念，就算是醜醜的也沒關係，要惜福。……，如果有朋友在種，有伴的話比較有機會接觸，加入的機會就比較多。」（E9）

根據以上研究資料，除E5、E8外，其餘六位皆認為農園裡的夥伴是良師益友，平時切磋栽種技巧、泡茶談天說地，遇有困難則不計得失、鼎力相助，在大自然的環境中，敞開心胸、真誠對待有緣相聚的朋友，擴大生活範圍、豐富生命視野，老人家最怕的空虛寂寞自然消失無蹤。而親手栽種的新鮮蔬果，或許其貌不揚，但絕對健康滿分，除了提供自家食用外，多能分送親朋好友，共享豐收的喜悅，滿足成就、建立自信，這樣的效益是他們當初始料未及的。

E5農園經營方式則是較為特殊，其社會人際關係建立在與消費者金錢往來互動之上，重視顧客的滿意程度，未曾汲汲經營與農園夥伴之間的友誼，因此遭致許多誤解。E8則是因個人栽種觀念有別於傳統方式耕種者，憂心自然生態的異常變化，關注作物的生長狀況，農園裡的人際關係雖不致扞格不入，然遊戲人間的個性讓他不以為意，與自然界的交流多過人際間的互動。

四、休閒生活滿意程度

McDowell和Newell（1996）指出生活滿意度是個人主觀的評價，是與外在參考標準或個人期望做比較，生活品質與其生理健康、心理狀態、獨立程度、社會關係、個人信念以及環境有相關，如何營造適宜的健康環境，提供適切的休閒服務，傾聽高齡者之休閒需求，才能達到「老有所終」的目標，故就問題之研究，分述如下：

(一)心滿意足，珍惜目前擁有的一切

諸多研究指出生理健康狀況確會影響生活品質。E1的生理狀況不佳，從前喜愛的交際舞也跳不動了，但憑藉這十幾年來在農園裡建立的深厚友誼，讓她捨不得提早離開這片天地。不捨的是老友間真摯的情感，與長年以來陪伴左右的一草一木，當年糊裡糊塗的加入到現在無怨無悔，心滿意足，除了慶幸自己當初的決定，更感激農園裡的一切，陪她走過彩霞滿天的晚年時光。她提到：「市民農園能提供的機會畢竟有限，很多人在排隊，……，我們算是幸運的。如果沒有來種菜，可能在家等死吧。人老了，舞也跳不動了，你看我這麼老了，還是可以種。這裡的朋友都對我很好，很照顧我，我也想要多種幾年，已經這麼久的老朋友了。……，跟從前比起來，還能種菜種花，還有這些老朋友，我已經很滿足了。」（E1）

縱使子女不在膝下，但完成養兒育女的階段性任務後，E2倆老持續參與志工服務行列、照顧農園裡的花草蔬果，忙得不亦樂乎，將生命的價值發揮至極致，一生的絢爛終要回歸塵土，能夠了

無牽掛走向人生的終點，應算是功德圓滿。他們表示：「孩子也都長大了，我們兩個老人家也沒什麼好牽掛，也不需要他們照顧，現在是很滿意，將來的是將來再說，人總是會老，趁著現在還能做點事，做多少算多少。」（E2）

實現夢想，是人生一大樂事。E4幾經波折，最後終在市民農園覓得一方之地，一償多年宿願，享受一種優遊自在，盡其在我的人生。農園裡有她種下的希望，殷切期盼它們都能平安長大，也許是自己的人生路途走得並不順遂，讓她更加用心照顧農園裡的花草蔬果、更加用心對待農園裡的兄弟姐妹，不須任何回報，即使頂著烈日寒風也要下田工作，「要種到走不動為止」，是E4她的心境：

> 「對我來說當然是百分之一百，要是喜愛大自然的人應該會喜歡這裡。這樣就很好了，我已經很滿足了，…當然是種到走不動為止。最好是揮一揮衣袖，不帶走一片雲彩，這是我的興趣，加上運氣好，身體要顧好，做自己想做的事。」（E4）

夫妻間能培養共同的興趣嗜好，有相同的目標，一致的信念照顧菜園裡的蔬果，就不會胡思亂想翻舊帳，避免許多無謂的爭吵。田園耕種是項需要基本身體活動能力，方能勝任的休閒活動。從前的工作生活型態，讓E6幾乎賠上生命與健康，幸而遺傳雙親硬底子的身體，讓他有本錢將這塊菜園經營得有聲有色，樂於分享經驗的他，經常是鄰近園友交流訊息、切磋取經的對象；新鮮健康的蔬菜除了自給自足外，亦深獲左右鄰舍的喜愛，藉此聯繫彼此情感，這樣的老年生活他們十分滿意，即使將來市民農園這塊土地另作他用，他們也會轉移陣地，繼續以田園耕種作為主要的休閒活動，延續這種利人利己的老年生活。他提到：「我很慶幸我現在健康還很好，經濟上也不必煩惱，有個美滿的家庭，還有這裡可以種

菜活動，這樣就很好了。……就算將來這邊被收掉，我還是會再弄個田地來種，……，這是我們的興趣。」（E6）

　　暫且不談田園耕種的實質好處，只要走進農園，面對綠意盎然，充滿生機的菜畦，心情自然開朗，煩惱盡拋九霄雲外。雖然E7女兒婚姻家庭的問題時刻困擾著他，但卻又愛莫能助，只能幫忙帶孫子，盡點綿薄之力，此刻，農園成了他們夫妻倆暫時擺脫煩惱的場所，埋首田地、揮汗耕鋤，悉心呵護農園裡的植栽，期盼來日成長茁壯。這樣的休閒參與雖不能改變現實生活，但至少得到片刻心靈的釋放。他提到：「……，有個地方可以活動就很好了，雖然不是什麼多高尚的，但是我覺得這樣就很不錯了，其他的不講，……，進來到這裡就會讓人心情輕鬆，這點就很夠了。」（E7）

(二)追尋自我生活目標

　　對於生理機能狀態良好的高齡者，將全副心力投注於農園，費盡心思，只為種出漂亮的菜。雖然農園裡的朋友認為E5性情古怪，但這些都不至於打擊他對蔬果栽培執著的信念，滿園的翠綠與顧客滿意的笑容，是他最大的成就，外界因不解而產生的誤解，他也不在乎，對於自己的栽種技術與經營模式，能將個人的價值以「投入生產」的方式展現出來感到滿意。他提到：「孫子都已經唸大學了，不能沒事做，會老人癡呆的。你看我七十還這麼勇……，種菜要有技術，不是肥料拼命放就好，要慢慢累積，要用功，有經驗啦，他們都很喜歡我種的菜…，這樣的生活不錯啦……，再種個十年應該沒有問題。」（E5）

　　缺乏身體及心智活動的高齡者，易加速老化的程度，老年人若能維持良好的健康狀態，可讓慢性疾病發生的日子延後，人難免

生老病死，如果疾病纏身的時間點延後到年老時才發病，這樣的人相對於中年時即發病，卻一直拖到年老時才死亡，所耗費的臨終照護、醫療資源自是減少許多。按熟悉理論解釋田園農耕休閒行為，若在中年時經常接觸園藝活動，並從中獲得樂趣，這樣的興趣與熟悉的行為將延續至老年。本研究對象E8時值中年，卻已退休十數年，興趣廣泛，種菜只是其中之一，但卻是最被看好能持續到老年的休閒活動項目，對老人家而言，種菜所給的條件限制較少，在時間完全自主支配的情況下，可依自身生理狀況，進行不同程度的種植活動，而其帶來的心理、社會效益卻不會相去太遠。研究對象E7在經濟無虞、興趣廣泛的情況下，日子輕鬆愜意、當然覺得滿意。他提到：「有了年紀，閒閒沒事做會老得很快，應該要妥善安排，做一些自己喜歡有興趣的活動，維持身體機能。現在生活算很滿意……，不愁吃穿，整天都有事做，還不錯……，當然會繼續種下去……，越種越好玩，這裡面太多變化了。」（E8）

受訪者表示到農園種菜是件快樂的事，那裡有滿園的翠綠和志同道合的好友，彼此沒有利害關係，為了共同的興趣，互相交流學習、增長智慧。一項活動如果不曾用心去學習，怎會體會出其中的技巧，享受他所帶來的樂趣，就像是種菜這件事：「如果你未曾彎下腰觸摸腳下的土地，細細品味泥土的芬芳，也就沒辦法體會果實甜美的滋味。」E9很滿意現在的生活，沒有經濟壓力，又有自己喜歡的休閒活動，又能交到許多好朋友。他提到：「這裡朋友這麼多，大家興趣都一樣，很有得聊，身體也還不錯可以種種菜，沒什麼好煩惱的……，我很喜歡這裡的環境，看過去都是綠色的，心情自然會放輕鬆。」（E9）

整體來說，本研究對象均十分滿意目前的休閒生活型態，也十分珍惜目前所擁有的一切，即使生理老化程度與時俱增，但豐富充實的心靈、深厚的友誼、自然純淨的環境，讓這些老人家享受豐

收的喜悅，樂而忘憂，不知老之將至，甚至表示老死於農園也無怨無悔，農園是個能夠讓人安身立命的地方，幾乎成爲他們第二個家，可見得這樣的休閒活動內容，與伴隨產生的效益超乎一般人想像，有其令人無法抗拒的吸引力。

第五節　建構老年休閒生活模式

高齡者選擇從事田園耕種這項休閒活動時，無論是欲探究「生活品質」或是「生活滿意度」，其包括之層面、向度錯綜複雜，這般抽象的概念，會隨著不同的情境時空而有所改變，不同領域的專家學者對生活品質、生活滿意度亦有不同的見解與界定。本文研究對象爲參與市民農園田園耕種之高齡者，欲探究是項休閒活動對其老年生活之影響，綜合以上研究結果，本節以「休閒行爲模式」、「生理機能」、「心理感受」、「社會人際關係」及「生活品質提升」等面向，分析探究其老年生活模式。

一、休閒行爲模式

高齡者過往的生活經歷與工作型態，影響其退休後選擇從事何種類型的休閒活動，本文研究對象選擇來到市民農園作爲人生的終點站，根據熟悉理論、補償理論及個人社交互動理論，本文研究對象選擇來到市民農園，從事田園耕種這項休閒活動，行爲模式分析，見圖6-1。

曾經有過的生活經驗與現在從事的休閒活動，兩者之間具有一定程度的連結，不論是選擇田園耕種這類迥異於退休前的生活型態，作爲退休後的主要休閒活動，彌補過去因工作壓力繁重、友伴

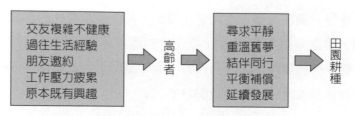

圖6-1　高齡者參與田園耕種休閒行為模式

資料來源：研究者製作。

關係複雜，以致缺乏休閒、漫無目的的生活缺憾。或是曾是賴以維生的雜糧作物耕種、童年時光遊戲於花草之間，亦或是濃厚興趣、美好經驗的延續，影響以上幾位研究對象選擇以「田園耕種」作為主要休閒活動。

二、生理機能

田園耕種這項休閒活動是在大自然環境中，藉由身體勞動、培育花草蔬果，因此必須具備基本體能、行動能力，方能勝任愉快。基本體能包括搬運肥料、翻土造畦、鋤草澆水；行動能力包括交通工具自理、上下山坡等。本文受訪對象中，有8位受訪者一致表示「萬事起頭難」，難在開墾初期滿園荒蕪、亂石參雜、土壤貧瘠，必須花費相當心血汗水，進行園區的整理與土質的改良，待告一段落後才能真正開始種菜，這也可算是「阻礙因素」之一，造成部分新進朋友有因不耐長時間勞動而提前離開，或因省略土壤改良這一段，種出的成果不盡人意，以致意興闌珊、打退堂鼓。

研究顯示，不需太多的園藝勞動時數即能產生強化體力、改善健康的效果，本文研究對象普遍表示農園耕種的活動量，對其生理機能的維持有顯著的效果，諸如：肌肉關節功能的維護、血糖血壓的控制、改善睡眠品質、促進腸胃吸收等，雖亦有因個人生理條

件致腰酸背痛者，但尚不致構成其長期投入的阻礙。另有研究指出土壤具有醫療的效果，人們透過園藝植栽的身體活動，在接觸泥土的過程中可刺激身體的出汗反應，能有效的將積存於人體內的有害化學物質排出體外，而這些有害物質正是導致精神疾病的重要因素。這樣的生理效益較不易察覺，但可從研究訪談過程中，感受其對生命的熱愛以及正向積極的人生態度，印證從事植栽、接觸泥土的好處。

三、心理感受

Relf（1992）則指出從事園藝可帶給人們的心理效益包括：滿意度、成就感、心理輕鬆、一致、愉悅、駕馭個人環境、改善自我觀念、重建自尊、心靈釋放、充滿希望等正面情緒。這些正面情緒具有促進平衡負面情緒像是不安、失落、沮喪、悲傷、焦慮、無所適從、煩惱、孤立等之效應，因此不論是從事動態的植栽行為或靜態的景觀觀賞，都有助於個體發展面對沮喪挫敗的自我修復能力，進而強化個體壓力管理的能力。本研究對象長期從事田園耕種，藉由身體的勞動與社會接觸層面的擴大，從中體會到心理層面的效益，相較於文獻提及的「園藝」活動，田園耕種因需要較多的身體活動，所能獲致的心理效益似乎更深更廣，更具推廣之價值，適合高齡者投入其中。**表6-2**將其分析歸納其類型為心情開朗型、滿足成就感型、心靈有所寄託型、活化心智運作型，這四個類型都是正向的心理發展。

表6-2　田園耕種心理層面效益類型

類型	心理效益
心情開朗	接觸大自然讓人心情愉悅，栽種過程無經濟收成壓力，生活輕鬆自在。
滿足成就感	與親朋好友分享豐收的喜悅，維繫情感、建立自信心。
心靈有所寄託	孕育幼苗，內心充滿期待，生活有了目標，藉以排解孤單寂寞。
活化心智運作	學習栽培技術，結交志同道合夥伴，連結舊日經驗、喚起記憶，刺激腦神經發展。

資料來源：研究者製作。

四、社會人際關係

　　老人參與集體性的休閒活動，有助於增進社交能力，建立親子關係的良性互動、消除疏離感，有助於社會秩序的維持，社會倫理的建立，進而導正社會風氣。Infantino（2001）研究指出，園藝具有容易與長期記憶結合的特性，使園藝成為一種優秀的社會連結工具，包括透過記憶連結老人與社會的網絡關係、透過植物作為交流情感友誼的工具，可以連結朋友與家庭。人類和植物的交流是與自然界建立關係的最佳管道。

　　農園裡的夥伴是良師益友，平時切磋栽種技巧、泡茶談天說地，遇有困難則不計得失、鼎力相助，在大自然的環境中，敞開心胸、真誠對待有緣相聚的朋友，擴大交友範圍、豐富生命視野，老人家最擔心害怕的空虛寂寞自然消失無蹤。而親手栽種的新鮮蔬果，或許其貌不揚但絕對健康滿分，除了提供自家食用外，多能分送親朋好友，維繫情感共享豐收的喜悅，滿足成就、建立自信。這樣的效益多是他們當初加入之際所始料未及的。

五、生活品質滿意程度

　　本研究對象在加入市民農園前多抱持打發時間、可有可無的態度，但在親身經歷後多數表示「越種越健康、越種越快樂」，其間存在許多有形與無形的效益，引領這群高齡者持續投入其中，這項休閒活動對其老年生活的重要性與影響力超乎他們想像，其所獲致的效益層面涵蓋生理、心理、社會各層面，檢視適合高齡者從事的休閒活動中，能同時產生如次多層面效益者，實不多見，讓長期投入其中的高齡者不僅能夠「成功老化」，甚且因田園耕種具生產經濟價值，進而達成「活躍老化」之條件，從本節以上之分析發現研究對象對於目前生活的滿意程度皆表示「很好」、「不錯」、「這樣就很好」，可見這項休閒活動確能有效提升高齡者之生活品質。茲以長期投入後獲致的效益對其生活品質之間的影響，以圖6-2表示。

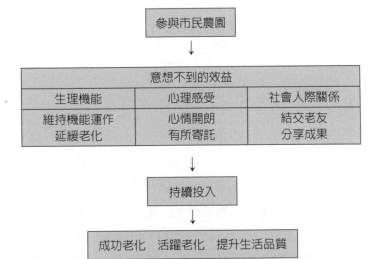

圖6-2　參與田園耕種休閒活動對高齡者生活品質的影響

資料來源：研究者製作。

第六節　結論與建議

一、結論

根據本研究對象之生活歷程與休閒生活現況，配合高齡者身心特質、休閒參與行為理論與市民農園田園耕種活動內容，對高齡者從事田園耕種的效益結論如下：

(一)延緩老化速度

長期從事田園耕種養成規律生活作息習慣，輔以適當份量的身體勞動，能活化肌肉關節機能、促進心肺功能、控制血糖血壓、改善睡眠品質、促進腸胃吸收、延緩老化速度，維持良好的健康狀態，有效壓縮老年疾病，讓慢性疾病發生的日子延後，集中壓縮在死亡前短暫時間內發生，縮短臥病在床、依賴醫療器材維生的時間，提升老年健康生活品質。

(二)擴大社會接觸面

農園團體成員有著共同的興趣與信念，可切磋栽培技術、分享喜悅、不分彼此互相扶持，拉近人與人之間的距離及陌生感，以維持並增進良好的社群互動關係，拓展視野、建立良好人際關係，在農園孕育出的友誼是最自然純真的，在沒有絲毫利害關係下，朋友付出的關懷最值得珍惜，基於對大自然的崇敬及健康的養生概念，話題皆圍繞在花草蔬果身上，藉以排遣過分充裕時間帶來的空

虛寂寥，追求更高品質的老年生活。

(三)提供健康清潔的蔬果

人到老年更應重視養生之道，飲食宜清淡、少量多餐、多喝開水，減少飲食中油脂及膽固醇攝取量，均衡攝取富含纖維素食物。農園裡親手栽種的蔬果絕對健康、新鮮、有機、無毒，適時提供老年人飲食營養之需求。

(四)滿足追求新知的欲望

栽種蔬果需要技巧，有賴追求新知及經驗累積，為了照顧農園裡的蔬果，提供良好的生長環境、解決病蟲害的問題，驅使老人家認真汲取相關栽培知識，充實植物栽培正確有效的觀念與技巧，刺激腦神經運作，滿足對知識的渴望、豐富心靈生活。用做實驗不孜不倦的精神，探索新奇品種的生長，是「活到老、學到老」最佳寫照。

(五)接觸大自然而忘憂

沉浸在大自然的懷抱，親近泥土、擁抱大地，世俗雜念暫拋雲霄，生活壓力全然釋放。紓解禁錮已久的身心，彌補過去因工作壓力繁重、友伴關係複雜，以致缺乏休閒娛樂、生活漫無目的的缺憾。看著滿園翠綠，欣喜之情泉湧不絕，心情自然愉悅，更能積極面對生理老化之事實，豐富充實的心靈、深厚的友誼、自然純淨的環境，讓這些老人家樂而忘憂，不知老之將至，輕鬆過晚年生活。

(六)肯定自我存在價值

用行動提供新鮮甜美的蔬果，展現個人存在的價值，親手栽種的新鮮蔬果，也成爲聯繫親友感情最佳媒介。腳踏實地的生活，提供旺盛的精力；綠意盎然的農園，提供最佳精神食糧。這些曾經荒蕪的田地，在辛勤耕作下，如今滿園翠綠，這份成就足以豐盈耕種人的心靈。照顧農園裡的花草蔬果，忙得不亦樂乎，將生命的價值發揮至極致，一生的絢爛終要回歸塵土，了無牽掛走向人生的終點。

(七)心靈有所寄託

從農作物的成長感受到萬物生生不息的力量，期待田地裡的幼苗開花結果，憑藉對花草的喜愛與無限散發的熱忱，心靈生活平靜而充實、安適快樂，自然較不易產生孤立與寂寞。受訪這從農園中學習每顆種子的成長，代表一個新生命的誕生，需要大人的細心呵護才能成長茁壯，惟有不斷的學習才能自我成長，活得才有意義。

(八)喚起當年生活回憶

農園裡的一草一木是他們所熟悉的，投入其中的意願自然提高，心靈有了寄託、存在有了價值，生命才有意義。對賴以維生的土地，存有一份無法抹滅的情感，農園裡的工作對曾經經歷過農業社會的老人家而言是再熟悉不過的，老年時再次投入田園耕種，視其爲安身立命之處，喚起當年記憶，有助於活化腦神經細胞，預防老人失智。

高齡者從事田園耕種這類休閒活動所能獲致的效益，除了符

合文獻探討國外文獻提出從事園藝活動所能帶來之心靈滿足、教育學習、擴大社會接觸層面、情緒正向發展、活化生理機能，以及美化精神生活等正面效益外，藉由蔬果栽培與收穫，更突顯田園耕種具有「生產經濟價值」的效益；而參與團體性質之田園耕種休閒活動，結交志同道合的好友，彼此之間「感情特別融洽」更是高齡者對抗空虛寂寞最佳良藥。因此田園耕種是項「動靜皆宜」的休閒生活，能同時滿足高齡者生理、心理、社會三方面之「全人需求」，而且附帶而來的健康價值高，是高齡者活躍老化、成功老化的重要休閒活動之選擇。

二、研究限制與未來研究之建議

因本研究採質化研究的深度訪談，在訪談過程中難免會有研究者的主觀意識和情感性之判斷，且研究對象侷限於桃園縣龜山鄉市民農園，樣本選取採立意取樣，因此在學術引用上有其侷限性，必須留意。至於未來研究建議為：今後研究「市民農園」應考慮加入「經營管理階層」之部分，這關係到農園能否永續經營，影響承租人權益甚大，有必要進一步加以深討。而民眾對於「市民農園」之休閒需求，及城鄉差異的因素究為何，未來亦可朝此方向探討。

參考文獻

一、中文部分

王素敏（1997）。《老人的休閒滿意及其休閒教育取向之研究》，國立
　　高雄師範大學成人教育研究所碩士論文。高雄：高雄師範大學。

林梓聯（1994）。《都市農業的構想與實施：都市農業發展研討會論文
　　集》，台大農經所編印，頁40~63。台北：台灣大學。

姚開屏（2000）。《台灣簡明版世界衛生組織生活品質問卷之發展及使
　　用手冊，第一版》。台北：世界衛生組織生活品質問卷台灣版問卷
　　發展小組。

俞玫妏（2003）。《都市園丁休閒園藝行為與休閒滿意度關係之研
　　究》，國立台灣大學農業推廣研究所博士論文。台北：台灣大學。

涂淑芬譯（1996）。《休閒與人類行為》。Gene Bammel & Leilan
　　Burvus Bammel原著。台北：桂冠圖書。

袁緝輝、張鍾汝（1994）。《社會老年學教程》。台北：水牛圖書。

高迪理（1996）。《台灣地區老年人社會福利服務需求之後分析》，行
　　政院國家科學委員會補助專題研究報告。台北：行政院國科會。

陳昭郎（1995）。《都市農業理念與實務班講義：德國市民農園發展經
　　驗》。台中：台中區農業改良場。

陳肇男、林惠生（1995）。〈臺灣老人之社團參與和生活滿意〉，《台
　　灣地區人口、家庭及生活品質研討會論文集》，頁345-368。台北：
　　中國人口學會。

陳俊忠（1999）。《老人體能檢測活動計畫》。台北：陽明大學。

陳肇男（2001）。《快意銀髮族：台灣老人生活調查報告》。台北：張
　　老師文化。

楊芝婷（2003）。《休閒活動參與與生活品質關係之研究：以台北市為
　　例》，國立台灣大學園藝研究所碩士論文。台北：台灣大學。

劉影梅、陳麗華、李媚媚、詹燕芳、陳俊忠（1998）。〈活躍的銀髮
　　族：社區老人健康體能促進方案的經驗與前瞻〉，《護理雜誌》，
　　第45卷第6期，頁29-35。

二、英文部分

Bergner, M. (1989).「Quality of life, health status, and clinical research」, *Medical Care*, 27(3)：148-156.

Brown, W. J., Mishra, G., & Bauman, A. (2000).「Leisure time physical activity in Australian women: Relationship with well being and symptoms」, *Research Quarterly for Exercise & Sport*, 71(3)：206-216.

Ferrans, C. E., & Power, M. J. (1992).「Psychometric assessment of the quality of life index」, *Research in Nursing & Health*, 15: 29-38.

Infantino, M. T. (2001). *The lived experience of gardening among five well older women in suburbia*. PHD thesis, Adelphi University.

Havighurst, R. J. (1972). *Developmental tasks and education*. (3rd ed.). N.Y：Mckay.

McDowell, I., & Newell, C. (1996). *Measuring health: A guide to rating scales and questionnaires*. (2nd ed.)：Oxford University Press.

Relf, P. D. (1992).「Human issues in horticulture」, *Hort Technology*, 2(2)：159-171.

Sarvimaki, A. (2000).「Quality of life in old age described as a sense of well-being, meaning and value」, *Journal of Advanced Nursing*, 32(4)：1025-1033.

第七章
社區關懷據點形成過程評析：
以桃園縣蘆竹鄉二社區為例之探討

郭小燕　桃園縣文山國小教師
謝登旺　元智大學社會暨政策科學學系教授

第一節 前言

隨著人口結構老化，以及國民壽命的延長，台灣地區需要長期照護的老年人口與日俱增，不但對家庭成員造成沉重的負擔，也對社會造成影響，增加了許多醫療照護方面的費用支出。目前台灣政府受西方國家之影響，對於老年人口的照顧強調「在地老化」（aging in place）的理念，普遍認為老人應該留在家中，避免過度機構化，並加強其對自我照顧的能力，以維持老人自主、自尊、隱私的生活品質（吳淑瓊、莊坤洋，2001）。同時，為避免「在地老化」的理念，把對老年人口照顧的責任推回家庭，造成現代家庭沉重的負擔（王卓祺，1990），故需要一套完善的照顧政策，分擔家庭的照顧責任，因而必須發展居家或社區照顧的系統，以和機構式照顧相輔相成。

在社區中藉由多元的照顧服務網絡，從健康至中老階段皆有充分的照顧服務可以選擇，老人得以受尊重又能安心生活在社區裡，這樣的社區照顧才是有效而且理想的。是故，社區照顧的實施及居家服務的推廣，已成為政府政策推動的重要方向。為因應台灣當前的社會問題，政府部門不僅在社會保障和社會福利政策上，必須有更長遠的思考和規劃，同時在今日強調福利的可近性、人民的自主性與志願部門的整合連結上，「社區」則扮演著極為重要的角色。從社會結構的角度來看，「社區」是介乎家庭與政府之間一個重要的「中介組織」。就社會福利的角度，「社區」更是傳遞各種福利服務的重要介面，也是非正式支持及照顧體系的所在。

社區照顧最先被倡導的主因，是要藉著去機構化（deinstitutionalization），提供受照顧者正常化（normalisation）之

生活，避免全控式機構（total institution）照顧的非人性化（黃源協，2000：1）。而社區照顧議題真正受到矚目，並發展成現今照顧服務輸送模式的主流，則與福利國家危機之後，出現的新意識型態、政策有關。為因應人口高齡化的衝擊，我們必須建構一個符合多元化、社區化、優質化及兼顧性別、城鄉、族群、文化、經濟、健康條件差異之老人長期照顧政策。另一方面，也要嚴肅思考縣市層級的長期照顧示範計畫，嘗試試辦整合區域性社區關懷據點的基礎，提供社區照顧，發展以鄉鎮市區為單位的健康福祉整合的可能性，讓老人家活得健康快樂，提高老人的尊嚴、生命價值和社會生活品質，保障老人經濟安全，以達到世界衛生組織推動「活躍老化」、「成功老化」、以及「在地老化」的理想。

　　行政院為因應當前老人社區照顧的風潮，自2005年起推動為期三年的「台灣健康社區六星計畫」，首要重點就是在「長期照顧社區營造」，以建構「預防照顧──建立社區照顧關懷據點」為主。但是，政府的施政方向，在社區中執行時，似乎與社區在地組織產生了某些脫節的情況，因此，什麼樣的政策才能滿足社區老人的居家照顧需求，是本文想要探討此一主題的動機之一。

　　至2007年底，蘆竹鄉的老年人口雖然只有全鄉的5.83%，但是外社社區65歲以上老年人口佔全村的13.2%，山腳社區65歲以上的老年人口也佔山腳村全部人口的8.6%，皆已達到高齡化社會之標準（蘆竹鄉戶政事務所，2008）。而研究者本身曾經有過照顧家中年長者的經驗，因此希望能從家庭以外的社區中尋找可以提供協助的資源，讓照顧老人不再是家庭沉重的負擔，讓老人可以快樂自在的過生活，卻不至於影響到家庭其他成員的工作與平日生活，社區照顧關懷據點的推動正好符合這樣的期望，此亦為本文研究動機所在。

　　二十一世紀是社會福利社區化的新紀元，政府多年來亦積極

推動社區福利化，並提出「台灣健康社區六星計畫」，由內政部主導推行「建立社區照顧關懷據點計畫」，由在地人提供在地的服務，以貼近民眾生活，老人也可以就近取得服務，社區得以更加祥和、健康的發展。

許多社區在政府的大力倡導之下，紛紛透過社區發展協會或是地方性社團，開始從事社區營造與社區福利工作，老人的社區照顧在社區裡積極的進行著，從老人健康宣導活動、老人日間照顧到老人送餐以至於居家服務及老人居家護理等等，這些計畫或由公部門委託地方執行、或由地方自行募款運作，其目的都是希望能夠照顧社區老人，提供社區老人一個舒適合宜的安養環境。本研究將探討社區關懷照顧據點如何整合社區資源，對社區老人提供服務，使社區中的老人都能獲得妥善的照顧。

第二節　社區照顧的相關概念

隨著公民社會概念的日漸茁壯與發展，社區能夠扮演與發揮的角色也越來越多元。從行政院所推動的「台灣健康社區六星計畫」中，期盼社區能夠以產業發展、社福醫療、社區治安、人文教育、環保生態與環境景觀六大面向作為社區發展的目標，可見得社區已成為政府單位相當重視的一個社群單位。

過去政府政策在社會福利方面一直嘗試推動社會福利社區化、長期照顧社區化，卻無法有重大的突破，跟社區意識與需求的對應有很大的關係，社區照顧關懷據點的蓬勃發展正是一個最好的例證。傳統的「福利社區化」，是一種來自社區外的關注，期盼社區能分擔人群服務的重要工作，這樣的思考方向有它難以打破的地方，其實，要將社會福利深耕於社區之中，必須從居民的需求、環

境與意願來思考才是。台灣正式邁入高齡化社會，人口在地老化自然產生許多老人照顧與關懷的需求，如果能夠適時導入一些資源與服務，即能成為發展社區照顧關懷據點的絕佳契機。

　　我們期望老人能住在自己熟悉的環境中，享受鄰里間溫暖的照應，即使獨居，也能有志工時常噓寒問暖、給予關懷的問候。社區雖然無法像專業機構一般提供專業的服務，但是社區裡的「人」卻是它最寶貴的資產。在六星計畫裡的「社福醫療」面向，正面臨一個社區需求、資源與服務供給的三角關係，如果能在當中創造利基與誘因，相信社區在提供社會福利服務時就能扮演更重要的角色，也能開創社區居民更多的福祉。

一、福利社區化

　　「福利社區化」是為因應福利供給的民間化、地方化、自助化和普及化的演變趨勢，以及服務輸送的去機構化、社區化、小型化和居家化的發展途徑，所倡導的理念和做法，將過去與社區工作相關的各種概念，如社區發展、志願服務、福利服務、社區照顧等作一傳承，另一方面，則是藉由擷取各種相關概念的優點和精神作一整合，展現出新的特色和願景（施教裕，1999）。

　　在1995年「全國社區發展會議」，「福利社區化」之概念被正式提出，並於會議結論中將其定義為「社會福利體系與社區發展工作充分結合的一個具體措施與工作方法」（內政部，1995）。依據內政部訂定「推動社會福利社區化實施要點」指出，福利社區化的核心工作係在落實「社區照顧」，其內涵在「推展社區福利機構小型化、社區化，並倡導福利機構開拓外展服務，促使資源有效利用」，也就是以社區發展為方法，一方面鼓勵民眾參與，另一方面也要培養社區解決問題的能力，同時要結合當地有形、無形的資

源，推展社會福利，以使民眾可以在地、近便、可及的接受各項福利服務（詹秀員，2002）。

具體來說，福利社區化是結合社會福利體系與社區發展工作，以社區工作的方法，在社區推動福利服務工作（如圖7-1），整合社區內外正式與非正式資源，建立社區福利服務網絡，使社區內需要得到社會福利的民眾，能迅速有效滿足其需求，以確保福利服務確實落實於基層。

「福利社區化」的切入點正是試圖以「社區」為基礎，以建立一套縝密的福利服務網絡（王順民，1999），因此，以「社區發展協會」為核心之社區照顧工作模式，將扮演極為重要的角色。注重社會福利工作的積極性、預防性、整體性及多元性的發展，是社會福利社區化的最主要精神；而在提供方式上，更強調人性化、分散化、民主化參與及社區生活化，期望避免大型機構的無效率、疏離等問題（翁文蒂，2004）。福利社區化所要追求的是永續經營，其目標是要透過社區意識的凝聚、社區資源的整合、社區自主性的培養以及社區居民的參與，創造出一個可提供高可近性、可及性的福利服務。

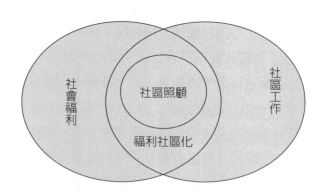

圖7-1　社會福利、社區工作、福利社區化與社區照顧關係

資料來源：引自賴兩陽（2002）。

　　「福利社區化」的主要精神就是以社區為基礎，並以社區中的個人和家庭為中心，推行政府的社會福利工作及滿足當地居民的特殊需求為目標，結合政府及社區內外的人力、物力資源，人人參與，自助互助，來解決社區居民的需求。福利社區化的推動可以喚起社區民眾參與的熱誠，有助於社區資源的整合與紮根。

二、社區照顧

　　我國目前對人口結構轉型的關心，不再只是人口快速成長的問題，而是高齡化社會所衍生的家庭照顧資源問題。當前人口結構和家戶型態的改變，引發由家庭提供照顧服務的現實困境，要完全由家庭的人力和資源來扛起照顧老人的責任，是一個難以承受的壓力（陳燕禎，2006）。面對人口老化的衝擊，先進國家的長期照護改革都歷經了濟貧、機構收養與在地老化三個階段。到了第三階段，因為需求仍然有增無減，加上機構照顧的負擔沉重，於是發展出在地老化的理念，轉而提供各式的居家與社區照顧服務（沈慶盈，2005）。而我國在社會福利的議題與相關政策的擬訂，大多移植外國經驗，因此在老人照顧政策上亦積極導入發展社區照顧的方向。

　　「社區照顧」是一個具爭議性的術語，其概念含義複雜及模糊，意涵會隨著使用者不同的意圖及不同的時間點而有異，所以它的定義亦難以準確加以界定。各項對社區照顧的界定，再加上其所期待達成的目標，常因個人的照顧可能重複出現於機構和非機構、正式與非正式，以及衛生和社會服務之間，而顯得難以對社區照顧有明確的定義。

　　近些年來，較普遍被接受且影響實務面運作的定義，首推英國1989年《社區照顧白皮書－照顧人民（Caring for People）》，

對「社區照顧」的界定：社區照顧係指提供適當程度的介入和支持，以使得人們能獲得最大的自主性，且掌控自己的生活。為了實現此目標，便有必要在各種不同情境裡，發展並提供各項服務。這些服務包括：從提供人民在自己家裡的家庭支持、對較需要密切照護者加強提供喘息照顧和日間照顧、透過團體之家和臨時收容所，以增加可用於照顧的程度、到其它方式無法照顧者提供居家照護、護理之家及醫院的長期照護（DoH, 1989）。

Means和Smith（1998：6）也將社區照顧定義為「社區照顧不僅是由無酬的照顧者所提供之非正式照顧，也包括由公部門、私部門及志願部門所提供的機構式和非機構式服務」。其目的在於讓人民在自己的家中或社區中，儘可能過著正常的生活；提供適當的照護與支持，協助人民得到高度的獨立自主性，發揮最大的潛能；給予人民對自己的生活方式及所需要的服務有較大決定權。所以社區照顧的精神是正常化、獨立自主與自由選擇（林萬億，2002：490-491）。

社區照顧在過去以及現在，往往是意味著「在」社區照顧，係指對需要被照顧者的服務，是要在家裡或社區內提供，而不是在與日常生活隔離的機構內。因而，它包括的不僅是個人，也包括：家庭、朋友、工作上的同事，以及社區的廣泛網絡。以實務的用詞而言，即包括日間照顧中心、成人訓練中心、臨時收容所、團體之家、庇護所，以及替代或補充其它早先由醫院或大型居宿機構所從事的工作場所（DHSS, 1978）。

社區照顧基本上是將原來政府服務供給的角色轉化至民間部門及非正式部門，也就是照顧網絡中確立「購買與供給分離制度」（purchaser-provider split）。政府在福利輸送的過程中主要扮演購買者（purchaser）與使能者（enabler）的角色，至於服務供給者的角色則由非正式部門、市場及志願部門來承擔（如**圖7-2**）。所

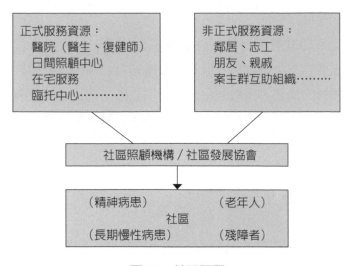

圖7-2　社區照顧

資料來源：引自蘇景輝（2003）。

以，社區照顧最大的特色就是福利服務輸送供給結構的轉型（張英陣，2004）。

　　社區照顧是在社區內接受照顧，也由社區在地人提供照顧；具有在地老化、社區參與、互助互惠、資源整合等特色。尤其是在家庭功能轉變的現代社會中，社區可視其特色與在地的需求進行資源整合、發展，讓老人們能有在地安養的選擇機會（洪德仁、周家慧，2007）。

　　社區是人們生活的地方，大家在此享受，也在此運動、休閒、交友，分享人與人之間的愛。早在有各種社區工作方法之前，人們已經參與社區、服務社區，也從社區獲得所需要的資源。社區照顧是符合人性化，以及社會融合原則的。它既是「與生活結合」，又是「扎根在自己土地上」的服務，讓有需要照顧的老人留在家裡，生活在熟悉的社區環境中，能就近得到社區志工的適切照顧，適當的修正過去「機構照顧」的缺失，把人性找回來，而且使

人性中的愛得以發揮。

　　社區照顧的終極目標，就是希望讓社區一起來關懷弱勢，成為他們重要的支持力量。其目的在藉由結合社區內外各種社會福利機構、團體的資源，重新強化家庭鄰里社區之非正式照顧網絡的機能和力量，建立社區福利體系和服務輸送網絡，使社會福利落實於基層。

三、社會資源整合

　　在社區照顧服務的過程中，無論是直接協助個案解決其遭遇的問題，或是協助個案發展所需的知識與技能來解決困難，都需要有可協助的資源做為前提。在社區中一般使用的資源包括有其他的社會機構、政府方案、其他專業人士或志願人士、自助團體、非正式協助者，及社區中具有才能與動機協助案主的個人。而這些資源可能存在於各個相關部門之中，如果能夠相互連結、整合各部門，並統整發揮照顧服務使用者的功能，將可提供需要照顧者較為完整的服務。

　　社會福利服務的目的在於透過各種措施來滿足人們的福利需求，若僅靠政府所提供的資源，除了造成政府龐大的財政負擔，也受到科層體制的限制，無法彈性因應突發事件；反之，若僅視民間資源為社會資源，則可能受限於各機構的財政，或各機構專業化程度而影響人們對福利服務的使用，進而影響福利服務供給的品質及人們的基本福利權利。所以，就福利服務的供需面加以考量，「社會資源」應包含「政府」、「民間」或「個人」所提供有利於福利服務功能發揮的有形或無形的資源。同時，此三者之間應達成一完整、周延、且不互相重複的服務輸送體系，以有效利用社會資源，達成最大效益。

　　目前社區可資運用的社會資源包含了有形的物質資源與無形的精神資源，這些資源類型可區分爲（李宗派，2000）：(1)人力資源：人力資源是人類社會最珍貴的社會資源，也是推動社區福利工作首要重點；(2)物力資源：物力是社區福利工作的基礎，除了用於社會福利活動的各類物資資源或設備外，任何可運用於社會服務工作推廣的設施均屬之；(3)財力資源：社會福利服務經費的籌措，除了自籌之外，還包括鼓勵社會大眾參與有意義之公益捐款運動以及向政府相關機關申請特定項目之預算補助，或是向私人的基金會申請贊助，任何關於金錢的來源均屬於財力資源；(4)人文資源：除了人民愛護或回饋鄉里、社區的心理之外，其他如社區意識、倫理規範、精神力量、歸屬感、參與感、責任感以及榮譽感都屬於人文資源的範疇；(5)人緣資源：人緣資源是人類生活互動最重要的媒介因素，也就是一般所說的人際關係，如果缺少良好的人際關係，有再好的社會資源也無法妥善運用。

　　社會資源對推動社會福利工作的重要性是強調服務整合及重組的信念，其目的不僅在於服務的輸送，且希望藉由服務的過程，以增進居民的社區意識，進而提升社區的自主能力。社區照顧必須立基於對現有的正式或非正式資源進行資源盤點，才能進一步的運用和開發，才能將社區的資源做有效的使用，以提供社區老人有效照顧服務（Sharkley，2000）。

　　社區照顧關懷據點是新興的地方組織，須以何種方式來進行資源的整合，使社區老人照顧的工作能永續運作下去，是值得大家重視並思考的議題。在本研究中，社區照顧關懷據點所必須整合的社會資源，含括了來自政府單位的經費補助與協助人力之資源，還有社區本身、與來自社區外的各種人力、物力、財力、人文、人緣資源等，只要是有助於社區照顧關懷據點推動其業務工作者，都是關懷據點須整合運用的資源。

　　儘管社區內資源的開發及運用十分重要，不過由於各個社區在地理區域上不僅有城鄉之區分，其規模大小和資源條件也參差不一，可以說多數社區的規模和條件均不足，故如欲使社區真正具備和發揮應有的福利服務功能，必須要擴大社區的範疇和格局，在原來的社區與社區之間加以重組和整合，如此社區資源體系的建立才有其意義與可能。

　　雖然在社區總體營造的蓬勃發展之下，帶動了各方對社區的重視，但是一個成熟的統合模式需要一些條件相互配合，當前台灣的社區工作仍然面臨社區結構缺乏整合、組織之間各自為政且相互競爭、資源分配不均與缺乏自主性等問題，想要建立一個統合的服務模式並不容易（曾華源，2002）。

第三節　桃園縣社區關懷據點實施現況

　　讓老人家可以在自己熟悉的環境中受到照顧，這是內政部大力推動「社區照顧關懷據點」的原始用意。希望結合有意願的民間社會團體一起參與社區關懷據點的設立，並由當地的民眾來擔任志工，提供在家養老的銀髮老人們，包括：關懷訪視、電話問安、諮詢及轉介服務，並視當地的需求特性，提供諸如餐飲服務或辦理健康促進服務等活動，期望透過在地化的社區照顧，使老人家留在熟悉的社區中生活，而又不致因為缺乏關懷照顧，而發生死亡多日都無人知曉的慘狀。對於長期在家照顧老人的親人或子女而言，也可以獲得一個喘息的機會。

　　國內人口的老化，這幾年已加快了速度，老人家的照顧需求相對增高，未來除了政府部門所提供的資源外，開發社會的資源也非常重要，內政部便期望透過社區營造及社區自主參與的精神，鼓

勵更多的民間團體能共同參與，在當地設置老人關懷照顧據點，一方面可以帶動社區的活力，另一方面也建立社區的初級預防、照護老人的能力，讓在地的銀髮族不必再憂心要住進安養院，這樣的構想，與國外的「在家養老」主流趨勢已不謀而合，且有異曲同工之妙，確實值得大力支持與推動。

透過社區照顧關懷據點可以讓老人走出家中，走動到社區關懷據點，參加為他們精心設計與安排的健康促進活動，還可以與社區其他的老人或志工一起用餐、閒話家常，另外據點志工還提供了關懷訪視、電話問安、諮詢及轉介等服務，對於老人在生理與心理的健康都能有所助益。

桃園縣政府配合「台灣健康社區六星計畫」2005年度指標性計畫——「建立社區照顧關懷據點計畫」的推動，鼓勵社區以社區營造及社區自主參與為基本精神，也鼓勵民間團體設置社區照顧關懷據點，提供在地的初級預防照護服務，再依需要連結各級政府所推動社區照顧、機構照顧及居家服務等各項照顧措施，以建置失能老人連續性之長期照顧服務與落實弱勢者照顧服務社區化計畫。希望能延緩長者老化的速度，也可發揮社區自助互助之照顧功能。

政府在推動社區照顧關懷據點之運作時，採用下列三種模式來進行：

1. 鼓勵社區自主提案申請設置據點，結合當地人力、物力及相關資源，進行社區需求調查，提供在地老人預防照護服務。
2. 輔導現行辦理老人社區照顧服務之相關團體，在既有的基礎上，擴充服務項目至三項以上，並設置據點提供服務。
3. 由地方政府針對位處偏遠或資源缺乏之社區，透過社區照顧服務人力培訓過程，增進其社區組織能力，進而設置據點提供服務。

　　為了落實「建立社區照顧關懷據點計畫」之推動，由內政部統籌，並設定據點成立數的目標值，然後由各縣市政府主辦、全力推展。希望以社區關懷據點為軸心，由下而上，連結縣政府、鄉鎮公所、社區民眾，啟動關懷據點的能量，使其成為未來高齡化的服務模式（陳建松，2007）。

　　期望透過社區照顧關懷據點的設置，可以落實預防照護普及化及社區化的目標，並且發揚社區營造與社區參與的精神，發揮長期照顧社區化之預防功能，建立社區的照顧支持系統，透過在地化的社區照顧使得老人得以留在社區裡生活、終老。由於內政部將「社區照顧關懷據點」定位為初級預防照護服務，因此將服務對象設定為據點轄內年滿65歲以上之老人，在居家的獨居老人、自理能力輕度缺損需他人協助之老人及身心障礙者。

　　內政部原本計畫配合健康社區六星計畫目標，三年內在全國建置2000個照顧據點，且於2005年底設置382個社區照顧關懷據點。政策實施以來，雖不如預期順利，卻也在台灣社區各角落造成很大影響，有相當不錯的正面評價。到了2007年底，全國總共申請設立了有1,372個據點，達成率為68.6%，而桃園縣達成率則為74%，桃園縣政府仍在積極努力推動社區照顧關懷據點的工作。

　　桃園縣政府之建立社區照顧關懷據點實施計畫，配合內政部指導辦理，自2005年5月至2007年12月止，為期三年，辦理時間及進度規劃如**表7-1**。

表7-1　桃園縣推動建立社區照顧關懷據點辦理時程

階段	培訓社區人力階段	社區照顧關懷 據點試辦階段	社區關懷據點 全面推廣階段
執行內容	培訓長期照顧社區營造人才	1.鼓勵並協助民間團體申請補助、設置社區照顧關懷據點，建立未來可全面於社區推展之運作機制。 2.訂定本縣「社區照顧關懷據點」實施計畫	鼓勵並協助民間團體申請補助設置社區照顧關懷據點
工作項目	依據內政部規劃設計研習課程內容，配合辦理「長期照顧社區營造」相關研習課程。	1.進行轄內照顧資源整理與供需分析，協助並督導社區提供服務。 2.擔任單一窗口彙整社區照顧關懷據點之設置需求，報內政部審核。 3.觀摩其他已具整合社區照顧資源經驗之縣市。	11依補助規定協助民間團體進行相關補助之申請並監督執行。
說明	鼓勵社區參與，並協助社區工作者進行社區資源評估、調查，以利於研習後提送相關計畫辦理社區照顧關懷服務。	2005年度預計設置25個據點；第2年預計增設50個據點。	配合內政部全面實施本計畫，再增設50個據點，合計125個據點。
主（協、承）辦單位	桃園縣政府、各鄉鎮市公所、民間團體	桃園縣政府、各鄉鎮市公所、民間團體	桃園縣政府、各鄉鎮市公所、民間團體
指導單位	內政部	內政部	內政部
預定期程	2005.05至2007.12	2005.05至2006.12 2005.05至2006.12 2005.12及2006.12	2007.01至2007.12

資料來源：桃園縣推動建立社區照顧關懷據點計劃（2007）。

　　依照桃園縣人口比例，在三年內預計設置125個社區照顧關懷據點，其中2006年據點預定設置目標值為75個，年底實際達成為50個，不足25個。2007年目標數增加50個，全年實際成立了43個，總據點數達到93個，尚不足7個，達成率74%。

　　桃園縣政府對於據點的推動，相較於其他縣市投入了更多的經費，其中內政部對於新設據點補助開辦費補助5至10萬元，桃園縣政府另外補助最高5萬元；每個月內政部業務費補助1萬元，桃園縣另外補助5千元，等於是申請單位原來必須自籌的30%費用，由縣政府吸收，相當有利於據點的經營與發展，是全國補助最高之縣市政府。到2009年1月止，桃園縣照顧關懷據點的服務成效，累積統計如**表7-2**所示。

表7-2　桃園縣2005年7月—2009年1月社區關懷據點服務成果

服務項目	關懷訪視	電話問安諮詢轉介	餐飲服務		健康促進活動
			集中用餐	送餐服務	
人數（場次）	84011人	99057人	82962人	2109人	30267場
人次	224949人次	245625人次	353555人次	25525人次	1248465人次
百分比	10.7%	11.7%	16.9%	1.2%	59.5%
			18.1%		

資料來源：作者整理自內政部資訊網（2009）。

　　由**表7-2**可看出據點服務成效以健康促進活動方面較高，因為能夠參與據點舉辦之各項活動、或到據點接受各項服務之老人，多半身體健康狀況尚佳且具有相當的行動力。至於無交通工具、行動能力較差以及身心障礙之弱勢老人，就需要仰賴據點志工走出去，提供電話問安與關懷訪視的外展服務。

　　桃園縣政府為了幫助各社區照顧關懷據點能順利推動業務，提升其服務品質，並且達成縣政府預定成立的目標數，於2006年11月與社團法人桃園縣守望相助協會簽訂「桃園縣建立社區照顧關懷據點輔導實施計畫」，成立輔導團，邀請學者專家分區域督導，並定期召開連繫會報。在輔導團的輔導過程中，發現桃園縣在推動社區照顧關懷據點的工作上，面臨到以下的幾個問題與挑戰（陳建松，2007）：

一、政府資源欠缺協調聯繫、各行其事

　　社區照顧關懷據點，雖屬縣市政府社會局老人福利業務，但是現行實際推動據點大都是隸屬社會行政課之發展協會社團，執行服務人力資源則為祥和計畫之志願服務業務，非老人課業務督導範圍。在據點服務結合衛政長期照護（顧）資源方面，尚未將十三鄉鎮衛生所公共衛生長照目標以及衛生局所積極輔導推動之區域醫院與社區醫療群作有效的連結。

二、基層派系糾葛與角力

　　台灣公民社會尚未成熟，往往選舉後遺症造成村里長和社區發展協會各行其事相互抵制較勁現象，造成村里組織與社區組織之資源無法結合。另一方面，鄉鎮市之各老人會雖為老人自助團體，經常也是各擁山頭互不往來，與社區組織更沒有互動，也造成資源連結上之阻力。

三、「理想」與「現實」差距

　　有少數關懷據點因執行（志工）人力困難或民眾參與情形不踴躍，而面臨業務停擺命運。也有部分關懷據點成立之動機僅在於獲得政府設施設備開辦費及業務經費補助，並未努力凝聚村里社區居民共識，共同帶動居民參與關懷據點業務，也未針對關懷據點之設置功能努力經營，造成業務績效不彰及浪費公帑，造成普及化之社區照顧在實際執行上的落差。

四、基層據點欠缺公益行銷以及經驗分享機制

桃園縣基層有許多單位有很豐富社區營造經驗，直接導入據點經營，成效相當顯著，可以將經驗直接輔導鄰近據點，但是缺少經驗交換分享平台，讓社區成效得到觀摩、激勵與傳承，如能協助據點有效善用公共傳媒資源，好事得以傳千里，將有利於據點的永續經營。

在筆者接觸社區照顧關懷據點的過程中，則發現到在鄉村型社區中，社區發展協會多半已有健全的組織架構，以及運作良好的社團基礎，對社區中的各種事務有相當程度了解，對於社區居民的真正需求也能切實掌握，因此在推動社區照顧關懷據點的服務項目時多能達成其目標。

不過也有些社區雖然有心想要推動社區照顧關懷據點的工作，卻受限於缺乏可用場地的條件，在關懷據點的評鑑過程，受到質疑，使得關懷據點的負責人、幹部與志工服務熱忱受到打擊，這是一個非常可惜的現象，因為有熱心的人願意無私付出，卻缺乏足夠的資源來配合協助。

此外，社區照顧關懷據點的成立，主要是為了推動自己人照顧自己社區的老人，重點應該在關懷據點提供的實質上的服務工作，但是政府部門卻規定了許多繁瑣的作業以及嚴格的經費核銷手續，讓關懷據點的志工們要耗費許多心力來完成這些工作，以符合政府單位的要求，而影響志工們對老人們服務的熱誠，這也是本末倒置的情形需要改善。

第四節　蘆竹鄉外社社區與山腳社區照顧關懷據點的個案介紹

　　蘆竹鄉的發展因為地理位置不同分成都會型的南崁區、住宅型的大竹區、鄉村型的山腳區。2006年成立的據點為南榮（南崁區）、外社、坑子（山腳區）三個，2007年新成立的據點有山腳（山腳區）、瓦窯、營盤（南崁區）、新興（觀音區），總計達7個據點，蘆竹鄉公所社會課相當積極鼓勵參與，先後辦理二次說明會，是全縣唯一超越目標點的鄉鎮市。

　　其中外社社區，雖然早期因為使用場地與老人會意見待協調，面臨開放時段不足的情形，在輔導團的介入之後已經改善，理事長和志工團隊非常投入，無論健康促進或是關懷訪視都相當有成效，在2008年的據點評鑑中獲得優等佳績，值得肯定。另外山腳社區後來居上，領導幹部很用心，開辦志工人力培訓，先後辦理基礎和特殊訓練，有效激勵志工參與熱誠，志工展現活力，尤其是「笑功」健康促進獨樹一格，關懷訪視落實進行，2007年評鑑亦得到優等標竿。因此，本研究即以此兩個社區照顧關懷據點為研究對象，進行探討。

一、外社社區照顧關懷據點

　　外社社區在前理事長陳清一的努力奮鬥下，於2006年利用現有老人會館的三層樓建築，成立社區關懷據點。理事會改選後，新任理事長陳木生繼續擴大其服務規模，社區發展協會也廣招志工，

增加據點的開放時間，讓社區老人參與意願大幅提高，也讓社區老人們多了一個休憩場所。

外社社區關懷據點成立的目的在於提供社區獨居、行動不便或其他情形特殊需社區人士關懷之長者各項服務，並利用社區公共空間設置社區關懷站，舉辦文康休閒活動，提供長輩聚會聯誼之處所，增進其生活及照顧品質，落實福利社區之理念。

外社社區發展協會理事長表示：「現在的社會，年輕人都忙著要賺錢養家，把老人留在家裡，平常沒有人可以關心這些老人，覺得我們可以來幫忙照顧社區裡的老人家，社區發展協會的理事們覺得這樣做很有意義，所以我們就開始辦據點了。」（社區理事長）外社社區照顧關懷據點的組織成員如圖7-3所示，與據點合作提供服務資源的單位則包含了蘆竹鄉公所、長庚技術學院護理科、外社國小、村內的各企業組織，並於2007年開始，蘆竹鄉第十八公墓每年定期編列村里回饋金補助據點。此外，據點結合社區內學校，學生社團不定期為老人提供按摩服務；還有結合了老人會與媽

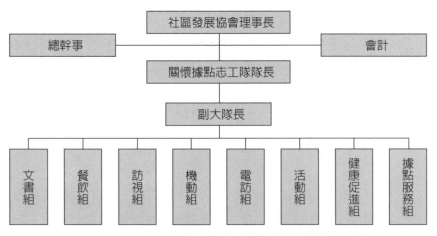

圖7-3 外社社區照顧關懷據點組織架構

資料來源：外社社區發展協會（2007）。

媽教室，提供烹製美食；更尋求署立桃園醫院、敏盛醫院、長庚護校、蘆竹鄉衛生所到據點舉辦健康衛生講座、初級護理指導、用藥安全等健康促進活動。

二、山腳社區照顧關懷據點

山腳社區照顧關懷據點起緣於2001年，當時的村長與社區發展協會理事長、常務監事等人積極推動義務性工作，結合家政班配合衛生所老人健檢活動，進而協助老人及嬰幼兒各種疫苗施打。2007年在內政部、桃園縣政府社會局、蘆竹鄉公所社會課及輔導團陳建松老師指導下，開辦社區照顧關懷據點。透過社區照顧關懷據點的設立，由在地人照顧在地老人，打造一個安居樂業的健康社區，及優質的生活環境。

前山腳村長（目前擔任據點機動組組長）表示：「社區就是一個大家庭，當初我們會來做這個，是因為老年人他已經奉獻在這個社區一輩子了，那我們現在有這個時間跟這個能力，就反哺回來而已。不一定他的子女來做，因為畢竟現在士農工商，大家都有忙碌的工作。」（村長）

山腳據點借用山腳老人會館現有的場地，進行據點的服務工作，並且與社區的宗教信仰中心「天公廟」結合在一起，還能有戶外的活動場地，對前來據點參與活動的社區老人來說，實在是非常合適的。山腳社區照顧關懷據點更積極的在2007年5月爭取主辦志工基礎訓練課程，2007年7月辦理志工特殊訓練，宣導服務的觀念，落實志工教育訓練制度，增進志工的專業知能與素養，以提供社區老人更優質的服務，協助政府推廣社會福利服務。山腳社區照顧關懷據點的組織架構如圖7-4。

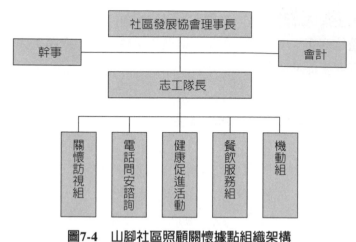

圖7-4 山腳社區照顧關懷據點組織架構
資料來源：山腳社區照顧關懷據點（2007）。

第五節 問題提出與討論

本文以個案研究的方式，針對桃園縣蘆竹鄉之外社社區照顧關懷據點和山腳社區照顧關懷據點推動社區老人照顧工作作一探究，以期能了解社區照顧關懷據點的實行現況，是否能滿足社區老人真正需求，還有社區照顧關懷據點之所以成功的因素，與社區照顧關懷據點遭遇到的困難，以及社區照顧關懷據點永續經營的可行做法，以下將分別提出一些問題加以討論。

一、社區照顧關懷據點的功能與實施成效

對於社區照顧關懷據點成立的意涵與目的，有兩個角度是特別重要的，一個是社區照顧體系的建構，另一個則是社區認同感的建立。前者是由於人口的老化，社區需要開始訓練和儲備人力，建

制照顧網絡，為將來老人照顧系統打下根基。另外，社區照顧關懷據點也同時具有凝聚社區意識或社區共同體的重要功能，關懷據點如果能真正發揮功能，不僅只是長者可以得到照顧，群聚的地方也成為社區認同、文化傳承和社區生活的核心。研究發現在社區推展社區照顧關懷據點的過程中，關懷據點對於社區老人、社區本身以及公部門各具有其功能。

1. 對社區老人來說，社區照顧關懷據點提供了就近性與在地性的照顧服務，讓老人可以繼續生活在熟悉的環境裡。
2. 對社區本身來說，社區照顧關懷據點可以結合在地的資源，照顧在地的需要被照顧者，而且凝聚社區的向心力。
3. 對公部門來說，藉由社區照顧關懷據點的成立，分擔了政府在照顧人民方面的沉重負擔，同時也讓人民有機會學習公民自治與自主。

社區照顧關懷據點已經成為推廣老人福利的重要據點，尤其是老人家喜歡熟悉的環境，為了避免老人遭到隔離或被孤立，應該廣為設立社區照顧關懷據點，為老人提供休閒、康樂、文教、聯誼活動的場所，以充實老人們的精神生活，找回生活的樂趣。

二、社區照顧關懷據點之成功因素

外社社區推動社區照顧關懷據點之工作，迄今約一年半，而山腳社區推動社區照顧關懷據點也只有半年多的時間，為何在短短的時間內，兩個據點就能做出不錯的成績，經本研究分析其原因如下：

(一)有強烈的動機與正確的心態

辦理社區照顧關懷據點的動機要單純，就是讓「在地老化」和「活力老化」在社區生根，真正用心落實照顧老人的服務，幹部和志工都為同一個目標在努力前進，這樣的動機轉化成動力，關懷據點的工作才能成功的推動，以達成其成立的目的。

(二)好的社團基礎與充沛的志工資源

在社區中本來就有許多的活動班隊與志工組織，社區照顧關懷據點好好結合這些班隊組織，根據其活動內容與性質，設計出相關的健康促進活動，或是將其連結到關懷據點的外展服務，對關懷據點來說，是一大人力資源的來源。至於公部門單位，有較充裕的財力資源，可以提供社區照顧關懷據點經費方面的補助，還可以在專業的服務工作方面，提供人力資源的協助，以及人才培育的訓練課程，或是透過關懷據點去做觀念的宣導，達成營造健康社區的理想。

(三)觀念的改變

社區照顧關懷據點要成功，必須要志工真正啟動。關懷據點的志工要接受志工的基礎訓練和特殊訓練，改變志工對志願服務的認知與態度，並且透過課程賦予志工神聖的使命感，在回到社區之後，能更樂意投入服務的工作行列。對社區照顧關懷據點來說，社區發展協會扮演的是協助者的角色，與村里辦公室都應該是它的合作夥伴，可以作為其後盾，並且提供資源來幫助關懷據點推動其業務。所以，所有參與的幹部與志工，以及社區發展協會理事長、村里長之間，都必須跳脫政治立場，共同為社區的居民謀福利，不分

派系攜手合作。

　　對於社區照顧關懷據點來說，「人」是最最重要的資源，只要找到了「對」的人來做事，即使遭遇到困難，大家也會想辦法去克服。不論是負責人還是志工，或是社區的其他人士，大家都要能夠拋開個人的成見，共同為社區的未來努力打拼，如此一來，社區照顧關懷據點自然能成功推動其工作。

三、社區照顧關懷據點的永續經營

　　社區老人的照顧需求，會隨著人口老化的情形越來越迫切，因此政府希望透過社區照顧關懷據點的推動，培育社區人才，協助社區能以自己在地的資源照顧社區在地的老人，並且要永續的經營與發展，如此才能滿足龐大且沉重的照顧需求。

(一)社區照顧關懷據點目前遭遇到的困難

1. 社區照顧關懷據點開辦之初，老人及其家人對關懷據點的錯誤觀念，遭遇到很多挫折。有的人是因為礙於顏面，不願接受協助；有的人則是過度仰賴據點的服務。
2. 社區照顧關懷據點沒有太充裕的經費，無法聘請專業或專門人員來執行工作，多必須依賴社區志工的自發參與志願服務工作，或公部門的多元就業人力，關懷據點才能順利運作。
3. 選舉在台灣的基層社會中，往往造成村里長和社區發展協會不同派系，彼此互相較勁，基層公部門也因此而以旁觀者身分去看社區照顧關懷據點的推動，僅是消極的提供經費補助，少有積極配合的心態，造成社區照顧關懷據點不容易在社區中落實。

4.社區照顧關懷據點的幹部與志工，在執行關懷據點的相關工作中，最感到困擾的一項就是文書作業與經費核銷的手續。社區的志工們，多為實地苦幹型的人，任務分配下來之後，便會盡全力去完成，卻對較為精細的文書作業感到困難，還有經費核銷手續的繁瑣，都成為社區照顧關懷據點推動的部分阻力。

(二)社區照顧關懷據點永續經營的做法

1.社區照顧關懷據點除了原有的社區志工資源，還要積極開發更多的志工人力，方能更順利推動關懷據點的各項服務工作。

2.社區照顧關懷據點多有資源不足的窘境，在希望能永續經營的前提之下，必須要更用心於資源的開發與整合。

3.社區照顧關懷據點的服務對象主要是健康的老人，但是這些健康的老人不一定都會走出家門，關懷據點的幹部與志工必須要能走出關懷據點，主動出擊，讓更多人有機會接觸到關懷據點的各種活動。

4.社區照顧關懷據點接受評鑑，可以知道自己的優點在哪裡，有哪些缺點還需要改進，所以評鑑的工作是有其必要性的。但是，重要的是評鑑制度要能真正落實，才能給關懷據點幫助，給予改善的建設性建議，更能鼓勵大家繼續努力不懈，才是永續經營的真正精神。

老人照顧的需求只會隨著人口老化程度越來越大，家庭或政府都無法承擔起全部的責任，必須要靠社會一般大眾伸出援手，共同來照顧這些有照顧需求的老年人口。目前社區照顧關懷據點的成立，雖然是政府積極推行的政策，但是未來則必須靠社區居民的支

持來永續經營，所以社區本身要更積極開發與整合各方資源，使成爲關懷據點永續經營的助力，並在評鑑過程中發掘出未達完善的部分，不斷改進，使在地老化的理想能早日實現。

第六節　結論與建議

　　爲了解決高齡化社會所產生的老人照顧問題，以「福利社區化」的精神所推動的，連結在地情感與資源的社區照顧模式，將是無法抗拒的趨勢。希望社區能充分利用社區的活動中心，或是老人會館等場地，成立社區照顧關懷據點，讓社區老人透過集中活動能夠常常聚會，避免老人家因爲孤寂感到無助，最後甚至失去其支持網絡，進而釀成無法挽回的悲劇。

　　在探究過程中發現，不論從社區的服務使用者、社區本身或是政府部門的角度來看，社區照顧關懷據點都有其發揮的功能。它提供社區老人在地、便利的照顧服務，讓老人能夠留在熟悉的社區裡，也能夠和親人或鄰居朋友維持較親近的關係，對老人的日常生活有極大的好處。對於社區本身來說，社區照顧關懷據點從社區居民的需求出發，由社區自己提供的服務來滿足居民的需求，更能凝聚社區的向心力，同時讓社區文化得以傳承。透過社區照顧關懷據點讓政府的福利社區化政策更加落實在社區中，也減輕政府福利服務的重擔，讓人口老化的問題能有初級處理的機制。

　　也許在推動社區照顧關懷據點的過程中，會遭遇到一些困難與挫折，但是從長遠的角度來看，社區關懷據點有其存在的價值，值得政府部門與社區本身的組織繼續努力推動下去的。只要能參考或效法具有成功經驗的社區照顧關懷據點，並且積極、確實的整合社區所有的資源，找到對的人來做對的事，則社區中的老人就能留

在自己熟悉的地方度過其人生的最後一段旅程。

本文擬再針對欲推動關懷據點之社區、政府部門以及一般社區民眾不同性質之對象，提出建議如下：

一、對欲推動社區照顧關懷據點社區的建議

1. 找對的人來做對的事：希望社區照顧關懷據點能成功，一定要先找到真正願意無條件付出的領導者，而且將關懷據點的事情看成最要緊的事，所有相關的業務說明會、研習訓練以及聯繫會報等都要出席參加，才能夠對關懷據點的精髓有最確切的認識，並且能發揮領導者的功能帶領著幹部與志工團隊一起投入，大家各司其職，完成任務，才不會因為主事者的更迭，而造成關懷據點的空轉。

2. 善加運用退休人力資源：鼓勵社區裡的退休人員多參與志願服務工作，並且加強對志工的組織與訓練，促使退休者能運用其知識、體力、經驗、技術與時間，去幫助他人的不足，可以再對社會做出貢獻，因而過著快樂且有意義的晚年。

3. 要對社區民眾做正確的教育宣導：社區照顧關懷據點成立的目的，是為了要照顧社區裡的老人，其成功推動與否，端賴老人以及志工參與程度的高低來評斷。因此，關懷據點要針對社區居民的特性，藉由教育改變居民的態度，培養其自助觀念、提高參與意願、凝聚社區的共同體意識；藉著各種說明會與宣傳，使居民了解關懷據點的工作內容與計畫，並能充分表達意見以修正計畫，才能化解阻力，配合推動。

4. 多方連結社區的資源：社區照顧關懷據點的經營者應尋求社區意見領袖的支持與參與，同時要結合現有的社區社團班隊與志工，加以靈活運用，邀請他們來分享專業知識，或是人

生經驗，將這些人力轉化爲關懷服務的人力資源。更重要的是做好據點的行銷與宣導工作，讓大家明白知道關懷據點成立的目標，並且得到大家的認同，努力連結社區中的宗教寺廟、社團、企業等組織，尋求他們提供各種資源的贊助，共同爲社區的福利盡一份心力。

5.重視健康促進課程之安排：健康促進是社區照顧關懷據點提供的服務項目之一，關懷據點要在每週的固定時段，安排有趣好玩的學習課程，並且注意課程內容的多樣性，以滿足老人不同的需求。讓老人對於來到據點能有所期待，他們就會更樂於參與，且從中得到改變與成長，日子會過得更加充實有意義。

6.關懷對象多元化：目前社區照顧關懷據點的服務對象主要都是針對65歲以上的老人，或是有失能狀況的弱勢老人，未來可以將關懷與服務的對象拓展至社區裡的兒童、身心障礙者、原住民以及新移民身分的居民，讓福利社區化的精神更落實在社區中。

二、對地方政府部門的建議

1.編列經常性預算，持續推動社區照顧服務：政府在制定政策時，時常有未做長遠之計畫且成果無法持續的問題。既然社區照顧服務已經成爲必然的趨勢，政府就應該及早做長遠之政策規劃，並且編列經常性預算，避免因爲執政者的改朝換代，而影響到政策的推動和延續。

2.培育在地的照顧服務專業人力，以落實社區照顧的理想：爲了達到「使社區能照顧」的目標，政府應加強社區照顧人力的培育，尤其是透過社政部門與衛政部門之合作，落實服務

員的培訓並提供服務場域，才能使資源充分結合與利用，不會因為缺乏人力或服務機會，而浪費了訓練成本。

3. 鄉鎮市公所的重視與參與，將提高社區照顧關懷據點之成效：鄉鎮市公所的角色界於縣政府與社區之間，扮演著承上啟下的重要角色，鄉鎮市長越重視，關懷據點的推動成效越好。未來鄉鎮市公所的角色與功能，如果可以提供更多主動性的資源整合與連結，將能使社區照顧服務輸送更加緊密。

4. 健全區域經驗平台與輔導制度：社區照顧關懷據點成立之初，因為缺乏經驗，運作經營的能力也不足，必須靠自己摸索，難免多走了一些冤枉路，也會澆熄大家付出的熱情。政府單位如果能建立健全的區域經驗平台，讓社區間彼此經驗交流，從他人的經驗中學習，提升關懷據點的運作能力，就能使據點的運作較為健全。加上輔導團從旁提供協助，關懷據點的推動就能更快步上軌道，落實其服務社區的工作。

5. 簡化文書作業及經費核銷手續：對社區照顧關懷據點來說，推動各項服務工作以照顧社區老人應該是首要任務，但是為了符合政府的規定以得到經費的補助，卻要花許多的心思在文書作業與經費核銷上面，讓基層真正做事的志工挫折不已。如果能簡化文書作業及經費核銷手續，相信對關懷據點的推動會有更正向的鼓勵。

6. 主動認證與被動評鑑，雙管齊下：目前雖然對於社區照顧關懷據點的實施成效，已經明訂有評鑑之辦法，並依照評鑑結果給予不同程度的經費補助，但是對於積極主動的關懷據點來說，接受評鑑尚不足以具體呈現出努力的程度，如果能輔以關懷據點主動提出認證之做法，將更能有效推動關懷據點的工作，激勵關懷據點的幹部與志工。

三、對社區居民或團體的建議

1. 社區居民對社區照顧關懷據點要支持：關懷據點的出發點是由社區來照顧社區中有需求的居民，但是關懷據點能夠獲得的資源有限，需要大家的共同努力，與樂意做志願服務之工作，所謂「老吾老以及人之老」，社區裡的老人家，要由社區所有的居民一起來疼惜、照顧。大家在工作閒暇之餘，如果能撥出一些時間，從事關懷據點的服務工作，甚至帶著子女晚輩一同參與，老人得以享受更多的關懷與服務，更可以讓社區充滿溫馨的氣氛。

2. 正視老年人口的需求：在人口日漸老化的現代社會，照顧老年人口已成為不可避免的責任，因此每個人都應該要先有正確的觀念，不把照顧老人視為沉重的負擔，而是用更積極正向的態度來面對老人的需求，鼓勵家中、社區裡的老人，能夠走出家門與他人互動，並藉著參與社區照顧關懷據點的各種課程，建立起健康的生活習慣，減少因為年老而造成的各種問題。

3. 肯定志工的付出，給予正向的回饋：社區照顧關懷據點的志工雖然是自願提供服務的，但是他們也需要肯定與鼓勵，社區中的居民應該以感恩的心情去面對服務的志工，並且多給予正面的回饋，而不應該把志工的付出視為理所當然，甚至打擊志工的士氣，成為推動關懷據點的阻力。

4. 確實了解社區的資源與福利服務之需求：社區居民應該透過社區資源的調查過程，重新認識自己居住的社區，清楚了解社區所擁有的資源有哪些，可以好好加以運用，而社區欠缺的資源又是什麼，可以用何種方式來克服。並且從中了解社

區民眾真正的迫切需求，才能採取正確的方案，提供有需求者適當的福利服務。

5. 與鄰近社區結合，共同推動社區的服務工作：不同型態的社區擁有不同的資源，如果能聯合鄰近社區，結合各社區的特色、專長與資源，將可有更多的能量來提供服務，擴大社區照顧所涵蓋之範圍，也能將服務推展到不同需求的對象。

參考文獻

一、中文部分

內政部（1995）。〈全國社區發展會議分組研討結論〉，《社區發展會議特刊》。

王卓棋（1990）。《社會行動與香港》。香港：青文。

王順民（1999）。〈宗教與社區工作的對話：舊思潮與新願景〉，《社區發展季刊》，第87期，頁184-194。

行政院（2005）。《台灣健康社區六星計畫推動方案》。台北：行政院。

吳淑瓊、莊坤洋（2001）。〈在地老化：台灣二十一世紀長期照護的政策方向〉，《台灣衛誌》，第20期，頁192-201。

李宗派（2000）。〈探討社會資源之開發與管理原則〉，《社區發展季刊》，第89期，頁53-61。

沈慶盈（2005）。〈因應高齡化社會之福利政策方向〉，《社區發展季刊》，第110期，頁142-157。

林萬億（2002）。《當代社會工作：理論與方法》。台北：五南。

施教裕（1999）。〈社會福利社區化的理念省思和問題探討(上)〉，《社會福利雙月刊》，第141期，頁16-39。

洪德仁、周家慧（2007）。〈營造一個讓人感到幸福健康的社區建構北投社區健康福祉網絡的芻議〉，《社區發展季刊》，第116期，頁193-212。

桃園縣政府（2008）。《社區照顧關懷據點評鑑報告》。桃園：桃園縣政府。

翁文蒂（2004）。〈社區營造條例草案對社會的影響〉，《社區充權再造政策論壇會後出版品》。台南：長榮大學。

張英陣（2004）。〈社區照顧與非營利組織〉，《社區發展季刊》，第106期，頁60-67。

陳建松（2007）。〈桃園縣社區照顧關懷據點96年度輔導經驗概述〉。

陳燕禎（2006）。〈我國老人照顧資源變遷之初探〉，《社區發展季刊》，第114期，頁239-247。

曾華源（2002）。〈推動社區服務以增進社區發展〉，《社區發展季刊》，第110期，頁137-147。

黃源協（2000）。《社區照顧：台灣與英國經驗的檢視》。台北：揚智。

詹秀員（2002）。《社區權力結構與社區發展功能》。台北：洪葉。

賴兩陽（2002）。《社區工作與社會福利社區化》。台北：洪葉。

蘆竹鄉戶政事務所，（2008）。《民國97年2月底止各村人口統計表》。網址：http://www.newluchu.gov.tw/cht/population/populationx_np343.html檢索日期：2008.03.25

蘇景輝（2003）。〈社區照顧〉，《社區工作：理論與實務》，頁129-147。台北：巨流。

二、英文部分

DHSS. (1978). Collaboration in Community Care:A Discussion Document. London: HMSO.

DoH. (1989). Caring for People:Community Care in the Next Decade and Beyond. London: HMSO。

Means, R., & Smith, R. (1998). Community Care: Policy and Practice, 2nd. London: Macmillan.

Sharkley, P. (2000). The Essentials of Community Care:A Guide for Practitioner. London: Macmillan, Inc.

桃園縣社會教育協進會　系列叢書

老人生活福祉與社區休閒教育

主　　編／陳燕禎

著 作 者／賴澤涵等

出 版 者／威仕曼文化事業股份有限公司

發 行 人／葉忠賢

總 編 輯／閻富萍

執　　編／桃園縣中壢社區大學、桃園縣新楊平社區大學

地　　址／台北縣深坑鄉北深路三段 260 號 8 樓

電　　話／(02)8662-6826　8662-6810

傳　　真／(02)2664-7633

網　　址／http://www.ycrc.com.tw

　E-mail ／service@ycrc.com.tw

印　　刷／鼎易印刷事業股份有限公司

ＩＳＢＮ／978-986-85746-0-1

初版一刷／2009 年 11 月

定　　價／新台幣 300 元

國家圖書館出版品預行編目資料

老人生活福址與社區休閒教育 = Elderly
welfare and community leisure education /
賴澤涵等著. -- 初版. -- 臺北縣深坑鄉：威
仕曼文化, 2009.11
　　面；　公分（桃園縣社會教育協進會系
列叢書）

ISBN 978-986-85746-0-1 (平裝)

1.老人福利 2.居家照顧服務 3.社區照護服
務 4.科技輔具 5.休閒活動

544.85　　　　　　　　　　　　98020023